CES AMOURS QUI NOUS FONT MAL

Patricia Delahaie

• MARABOUT •

Sommaire

Introduction 7

PREMIÈRE PARTIE
Ceux qui aiment trop

Chapitre I : L'amour est-il une maladie ? 15
Chapitre II : Pourquoi on tire de « mauvais numéros » 31
Chapitre III : Les blessures de l'enfance 41
Chapitre IV : Pourquoi on reste ? 61
Chapitre V : Souffrir jusqu'où ? 77

DEUXIÈME PARTIE
Ceux qui ne savent pas aimer

Chapitre VI : Ceux qui ont peur d'aimer 87
Chapitre VII : Ceux qui n'aiment pas... aimer 101
Chapitre VIII : Ces « pervers » qui nous détruisent . . 115
Chapitre IX : Les personnalités violentes 137
Chapitre X : ... et ceux qui ne veulent pas changer . . 159

Troisième partie
Quitter pour de bon

Chapitre XI : Si difficile de rompre ! 169
Chapitre XII : Pourquoi les femmes s'en vont… 176
Chapitre XIII : Oser la solitude… accompagnée 184
Chapitre XIV : En finir avec les croyances sur l'amour 190
Chapitre XV : Et les enfants ? 197

Quatrième partie
Rester… autrement

Chapitre XVI : Retrouver l'estime de soi… 207
Chapitre XVII : Comprendre les dysfonctionnements . 214
Chapitre XVIII : Renoncer à changer l'autre… 226
Chapitre XIX : Se parler pour mieux s'entendre… . . . 239
Chapitre XX : … et penser à soi 246

Conclusion 249

Bibliographie 254

À Hubert pour son amour.
À Françoise Devillers pour son amitié.
À Vincent et Sébastien, mes « soleils ».

Introduction

« Sans amour qu'est-ce que vivre veut dire ? » se demande Don Quichotte… Bien sûr, l'amour est souhaitable. Bien sûr, il faut le cultiver partout où il peut exister. Bien sûr, il nous rend plus vivant et heureux. Bien sûr, il nous grandit, nous embellit, nous bonifie et nous permet de soulever des montagnes…

Mais comment le plus souhaitable des sentiments peut-il nous faire souffrir à ce point ? Comment peut-il transformer notre vie en enfer et nous changer en obsessionnels, en fétichistes, en furies, en jaloux, en vamps, en midinettes… alors que nous étions jusqu'ici les personnes les plus raisonnables du monde ?

Avant l'amour, qui nous aurait crus capables de sortir de nous-mêmes à en devenir méconnaissables ? Qui aurait cru que nous puissions écouter des chansons à la gomme, en guettant une sonnerie de téléphone, une voix sur un répondeur comme des ados énamourés ? Que nous pourrions « planquer » dans une voiture en attente d'une « apparition » ? Que nous allions parcourir des kilomètres, pour entrapercevoir les cheveux roux qui nous donnent le vertige et des insomnies ?

Comment le plus élevé des sentiments peut-il nous changer en hommes et en femmes à la fois si admirables : par amour nous sommes devenus marathoniens, grands lecteurs, sylphides, champions de l'ordre ou de la ponctualité, Crésus, cordons-bleus, artistes peintres, élégantes, poètes, professionnels de haut niveau… Comment l'amour peut-il faire de nous des personnes à la fois si remarquables et si… pitoyables ?

Qu'est-ce que cette passion, qui nous empêche de vivre et d'être nous-mêmes : une maladie ? Un traumatisme infantile qui remonte à la surface de notre histoire et nous tourne la tête ? Ou un sentiment humain, trop humain, une émotion banale dont nous croyons être les premiers à souffrir ainsi, et… autant.

Et pourquoi nous est-il viscéralement impossible de rompre les liens qui nous enchaînent, nous détruisent et nous brisent, quand un couple sur deux se sépare à Paris, un sur trois en province ? Pourquoi manquons-nous de force pour quitter cet homme ou cette femme (dont nous ne savons même plus si nous l'aimons encore), et qui peut nous torturer de mille manières : à coup de… coups, de petites phrases assassines, de trahisons, de pièges et de sous-entendus, nous amenant à dire le contraire de nos pensées, à agir à l'envers de nos idées…

Qui sont-ils, ceux qui nous démolissent : des malades, des sadiques, des pervers, des manipulateurs, des indifférents ou encore des… innocents qui n'ont rien demandé ?

Enfin, quel rôle jouons-nous dans ce drame du couple et de l'amour ? Sommes-nous des masochistes, condamnés à répéter un scénario affectif douloureux hérité de l'enfance ? Sommes-nous les victimes consentantes de bourreaux trop habiles ? Ou simplement, des malchanceux dont le seul tort est d'avoir été séduits, au mauvais moment, par les mauvaises personnes ?

Autrement dit, sommes-nous coupables ou seulement

responsables ? Et si oui, de quoi : est-ce notre faute si la passion nous chavire ? Si l'homme ou la femme adoré(e) ou haï(e) nous obsède, nous casse, nous trompe, nous traite comme un chien ou bien détourne le regard, comme si rien ne s'était passé entre nous...

Ce livre s'adresse à tous ceux qui souffrent d'aimer comme il ne faudrait pas, qui il ne faudrait pas... Il s'adresse aussi à ceux qui n'aiment plus. Mais qui restent, parfois au péril de leur vie ou de leur équilibre. Ce livre n'est pas celui d'un psy. Il est celui d'une femme et d'une journaliste qui a voulu comprendre – à travers des témoignages – ce qui avait bien pu arriver dans nos vies, nos rencontres, notre histoire, et dans cette relation, pour que nous en soyons arrivés là. Là, c'est-à-dire à la souffrance et peut-être à l'échec.

J'aimerais qu'en refermant ce livre, nous puissions dire « oui » à l'amour, bien sûr. Mais plus jamais de cette manière-là. Certes, l'amour est une aventure dont on ne sait comment elle finira. Cependant, la prudence et le souci de soi n'excluent pas la rencontre. Je voudrais qu'en refermant ce livre, un certain « plus jamais ça » devienne une ligne de conduite. Une sorte de fil rouge qui nous tienne en éveil et nous guide désormais, vers le meilleur plutôt que vers le pire.

L'idée de ce livre m'est venue en écoutant des hommes et des femmes de tous les âges et de tous les milieux me raconter leurs rêves, leurs espoirs, leurs désirs et... leur souffrance amoureuse. Chaque histoire était unique bien sûr, puisque les personnes, les circonstances, les sentiments ne sont jamais les mêmes. Mais au cœur de cette diversité, il me semblait entendre des points communs, déceler comme des « lois de l'amour » expliquant le pourquoi et le comment de certaines souffrances amoureuses, anormalement toxiques.

Cette intuition a été confirmée par la lecture de livres traitant des amours difficiles, et par les interviews de spécialistes, venus d'horizons variés : psys, sociologues, philosophes ou écrivains ayant répondu, de manière directe ou indirecte, à mes questions récurrentes sur le couple et l'amour. Leur appui a été précieux : il m'a permis de donner aux témoignages particuliers un sens plus général.

Pourtant, ceux auxquels je dois le plus sont ces anonymes qui, depuis vingt-cinq ans, m'ouvrent leur cœur et leur intimité. Chacune de ces rencontres éveille en moi le même intérêt, la même reconnaissance. Ils m'aident à vivre… Leurs noms et les circonstances ont été modifiés, par respect pour leur vie privée. Mais qu'ils soient ici remerciés, du fond du cœur. Si jamais ce livre tenait ses promesses, si jamais il réussissait à nous aider, c'est à eux que nous le devrions. En priorité.

Première partie

CEUX QUI AIMENT TROP

Comment l'amour peut-il être trop grand, trop fort, trop généreux : aime-t-on jamais… trop ? Oui, quand nous donnons de l'affection, de la sollicitude, de la compassion, de la gentillesse, à celles ou ceux qui s'en moquent. Ou qui font mine de n'en rien savoir. En ce cas, nous ne sommes plus seulement des hommes et des femmes « adorables », nous franchissons un cran supplémentaire en devenant des victimes, des sacrifiés, voire des martyrs de la relation amoureuse. Alors nous pouvons aimer trop, de la même manière que certains êtres sont « trop gentils » car leur grand cœur s'offre sans discernement et prête le flanc à tous les abus.

Il existe une autre manière d'aimer « trop ». Aimer vraiment, suppose de cesser d'être tourné vers soi-même pour se mettre à la place de celle ou celui que nous aimons. Alors, nous pensons à travers ses idées. Nous voyons à travers ses yeux. Nous éprouvons ce qu'il ressent… très fortement mais par moments. Le reste du temps, nous sommes nous-mêmes, avec nos propres émotions, nos propres pensées, notre propre vécu.

Or, certaines personnes sont envahies en continu : elles n'existent plus ! Elles se perdent, elles se fondent, elles se noient dans l'autre. Elles sont accrochées à ses réactions, à ses regards, à ses jugements… Elles sont « habitées » à la manière des religieuses « possédées » par le Diable au Moyen Âge.

Cette dépendance amoureuse peut avoir deux raisons : l'une interne. Elle vient de soi-même et d'une privation d'amour dans l'enfance, qui se « rattrape » aujourd'hui dans la passion. L'autre raison peut être externe, à savoir artificiellement créée par des gens qui nous abusent et nous maltraitent… Et nous verrons comment, pourquoi, dans la deuxième partie de ce livre.

Chapitre I

L'amour est-il une maladie ?

Qu'est-ce qui est « normal » en amour ? De ne jamais avoir perdu la tête ? De n'avoir jamais eu « besoin » de l'autre ? De n'avoir jamais pensé à elle, à lui, jour et nuit ? De garder l'appétit ? De ne pas ressentir de manque quand il est loin, quand elle s'en va ? De mener une vie conjugale sans vagues, sans histoire, sans risque ?

Ou encore de pouvoir continuer à « gérer » sa vie (verbe affreux en amour, non ?) avant et après la rencontre, comme si rien ne s'était passé ?

Et dans ce cas, serait-il « anormal » de brûler d'anxieuse impatience près d'un téléphone ? D'être raidi par l'émotion, à l'idée d'un rendez-vous ? De passer des heures à hésiter entre deux robes, deux cravates pour être sûr de lui plaire ? De ne rien pouvoir avaler ? De ressasser les mots qu'on aurait pu dire, les gestes qu'on aurait dû faire ? De dormir mal ? De guetter le facteur comme le Messie ? De courir à la gare… De faire l'amour n'importe quand, n'importe où, d'être mort de trac ? D'aimer très fort au point de devenir un autre ? Au point de voir ses principes, sa morale, ses priorités voler en éclats. Au point de tout remettre en question, même ses parents, même ses enfants. Au point de croire qu'on aimera cet homme, cette femme toute la vie et… que ce soit vrai.

La passion est-elle un signe de vitalité et de bonne santé ? Est-elle la preuve que nous savons aimer ? Ou bien révèle-t-elle qu'une névrose nous travaille en secret ? Même les psychanalystes sont partagés. Certains voient la passion comme une simple hypertrophie du sentiment amoureux. D'autres pensent qu'elle n'a rien à voir avec l'amour et que, pathologique, elle s'enracinerait dans des traumatismes infantiles non décelés.

SEULEMENT SI ÇA TOURNE MAL...

Qui pourrait trancher dans ces querelles d'école ? Néanmoins, la passion heureuse est saluée comme un miracle entre deux personnes qui savent si bien s'aimer. On ne parle de déséquilibre que si cela tourne mal. Et pourtant, ce sont les mêmes symptômes, la même obsession, la même douleur de l'absence et de la dépendance...

Voyez Blandine. On pourrait dire sans exagérer qu'elle aime « comme une folle ». Elle n'a connu qu'un seul homme dans sa vie, en la personne d'Ergun. Ils se sont découverts par courrier. Elle était étudiante française, lui étudiant turc. Chacun voulait apprendre la langue de l'autre et, mis en contact par un organisme franco-turc, ils ont commencé à s'écrire régulièrement des lettres pseudo-intellectuelles comme aiment en écrire les étudiants en littérature. Ils échangeaient sur la philosophie, la politique, leurs familles, les coutumes de leurs pays respectifs, des lettres pompeuses et impersonnelles qui se voulaient profondes. Rien sur l'amour...

Elle était bluffée par la culture que le jeune homme étalait savamment pour l'épater. Lui la trouvait charmante mais un peu nunuche et manquant de « conscience politique ». Deux ans plus tard, Ergun vient en France pour la première fois. Direction : Paris. Blandine le rejoint et aussitôt, coup de foudre ! Il ne lui avait pas dit qu'il était blond aux yeux verts. Elle tombe sous le charme du bel Anatolien qui rentre dans sa patrie après avoir passé son séjour à visiter peu et à flirter beaucoup. Blandine ne mange plus, ne dort plus, passe des heures à rêver ou à pleurer sur son lit en écoutant Schubert, « La jeune fille et la mort… ». Ses parents la croient anorexique.

Elle écrit aussi quelques lettres distantes : « Cher Ergun… » Auxquelles il répond du même ton : « Chère Blandine… »

Passons sur les péripéties amoureuses de ces deux-là pour en venir au fait : ils sont mariés depuis dix-huit ans et toujours inséparables. À les voir, il est impossible de penser qu'ils forment ce que l'on appelle « un vieux couple ». Ils se tiennent la main, se dévorent des yeux, se manquent quand ils s'éloignent… Il ne se passe pas un jour sans que l'un ET l'autre aient une petite attention : une fleur, une corvée endossée pour Blandine ou Ergun, une invitation surprise, un dîner recherché. S'ils n'étaient si heureux, ils seraient presque agaçants pour ceux qui comptabilisent deux divorces, trois ruptures, dix galères avec la solitude au bout…

Notre « névrose » n'est pas d'aimer trop fort mais… trop vite

Voilà pour la passion dite « saine » témoignant d'une « simple hypertrophie du sentiment amoureux ». Passons maintenant à la passion « malsaine », c'est-à-dire à la passion névrotique et révélatrice d'un traumatisme infantile non décelé.

Voyez Blandine. On pourrait dire sans exagérer qu'elle aime « comme une folle ». Elle n'a connu qu'un seul homme dans sa vie, en la personne d'Ergun…

Oui, vous avez bien lu. Il s'agit de la même histoire. Ils se sont vus, reconnus et elle a écouté Schubert. Ils se sont aimés. Ils ont pensé mariage mais la famille du jeune homme s'opposait à ce qu'il épousât une étrangère. En France, Ergun était sans diplôme, sans travail. Il n'a pas eu le cœur de tenir tête à sa chère maman et à son père vénéré. Le poids de la famille étant beaucoup plus fort à Istanbul qu'à Paris, il est rentré chez lui…

Blandine lui a écrit des lettres désespérées : « Cher Ergun… » Il lui a répondu sur le même ton : « Chère Blandine… » Ils ont redoublé tous les deux leur année universitaire. Elle est devenue si maigre que les médecins aussi l'ont crue anorexique. Pendant des mois, rien n'a pu la distraire. Elle a failli mourir de chagrin. Dix ans plus tard, elle a rencontré un homme qu'elle a épousé. Elle a eu un métier, des enfants mais en secret, elle continue d'aimer Ergun, son Turc blond aux yeux verts, le grand amour de son existence, celui qu'elle ne pourra pas oublier.

La passion, qu'elle soit heureuse ou dévastatrice, est surtout une affaire de tempérament… passionné. Il faut, pour en jouir (ou en souffrir), un caractère entier et fonceur, impulsif et positif, incapable d'imaginer le pire mais sachant très bien inventer l'avenir, le rêver, le créer à partir des bribes du présent. Ne voyons pas la passion comme une tare mais comme l'expression d'un tempérament de feu qui nous porte vers les êtres et les choses et nous pousse à mordre dans la vie à pleines dents.

Il faut une belle énergie pour aimer. C'est un trésor à préserver car notre tort (ou notre névrose si nous en avons une) n'est pas d'aimer trop fort mais d'aimer trop vite. Sans prendre le temps de réfléchir pour savoir qui est qui et déterminer en attendre quoi… Nous sommes des imprudents qui fonçons tête baissée. Quand nous aimons, nous adorons. Nous aimons en bloc, sans prudence, sans calcul.

Dès lors, il serait dommage de vouloir éteindre cette flamme qui nous anime : elle fait notre richesse. En revanche, nous pourrions la tempérer d'un peu plus de raison en évaluant la situation à chaque étape de l'amour. Même la passion se construit pierre par pierre et son issue, heureuse ou malheureuse, ne dépend pas que de nous. Le dénouement fait intervenir l'entourage, les enfants, les familles et surtout notre partenaire qui peut accepter ou refuser, à un moment ou à un autre, de nous accompagner dans nos rêves d'amour toujours. Dans la passion heureuse, il nous suit toute la vie. Dans la passion tragique, il nous lâche en cours de route… c'est la seule différence.

Le mythe du coup de foudre nous a longtemps laissé croire qu'il n'existait qu'une seule personne au monde capable de nous convenir et que la reconnaissance (C'est lui ! C'est elle !) était à la fois immédiate et définitive. Or, les enquêtes du sociologue italien Francesco Alberoni montrent que le coup de foudre existe, mais qu'il ne tombe pas du ciel. Il est précédé d'une quantité d'explorations amoureuses, durant lesquelles nous avons eu des penchants pour tel ou tel. Souvenons-nous, il nous est arrivé plusieurs fois dans notre vie d'être « impressionnés » par quelqu'un, au sens premier du terme. Nous avons senti qu'avec cet homme ou cette femme « quelque chose » aurait pu se passer, mais chacun a continué sa route. Reste le souvenir d'un éblouissement, puis de l'évanouissement de cet amour qui aurait pu naître et qui s'est éloigné, aussi furtivement qu'un papillon dans la nuit…

Francesco Alberoni montre aussi que l'histoire du coup de foudre est une reconstitution après coup de notre histoire d'amour. C'est ainsi que nous écrivons la légende de notre couple mais en fait, l'amour est un processus progressif qui longtemps reste réversible, c'est-à-dire facile à interrompre sans grande souffrance…

Ne pas rêver trop loin… sans l'autre

On entre dans la passion par étapes. Or, à chaque étape, il importe de faire le point afin de ne pas aller trop loin… sans l'autre. Car il arrive un moment où tout notre être, tout notre avenir, sont engagés dans cette relation. Au point que nous ne puissions plus revenir en arrière et nous séparer sans être ébranlés – si ce n'est détruits –, dans les fondements de notre personnalité tout entière.

En ce sens, la passion destructrice ne vient pas d'un amour névrotique, mais d'une erreur d'estimation. Notre aveuglement, notre inexpérience, notre naïveté ou tout simplement notre enthousiasme, n'ont pas su voir venir le décalage qui se creusait entre nos rêves et la réalité de notre partenaire qui n'a pas pu ou pas voulu nous suivre, du moins aussi loin.

Mais reprenons l'amour à ses débuts. Toute relation commence par une attirance. Quelque chose en cette personne nous donne envie de la connaître. Ce n'est pas forcément sa beauté mais une manière de parler, de se tenir, d'observer ou… de nous regarder. Elle nous intéresse, nous intrigue. À moins qu'elle ne nous paraisse à la fois captivante et exaspérante. En ce cas, c'est de la contre-attraction, c'est-à-dire que nous résistons à qui nous plaît, ce qui revient au même.

À ce stade, les plus avertis d'entre nous se méfient déjà, bien décidés à se mettre des œillères en passant leur chemin…

Mathias, par exemple, est un homme d'une trentaine d'années. Il est marié depuis cinq ans. Il a deux enfants, une maison, des quantités de copains et un mode de vie composé de sport, de grandes fêtes familiales et de barbecues qui lui conviennent à merveille. Sa sexualité est en veilleuse et son épouse assez lointaine depuis les bébés. Ils n'ont plus grand-chose à se dire, mais ils s'entendent bien pour sortir et recevoir, et élever leurs enfants.

Mathias attire les femmes et… réciproquement. Pourtant, il détourne le regard, systématiquement. Une liaison ?

– Ce serait trop dangereux !

Cet homme avisé a compris qu'une aventure est… une aventure. Or il ne veut pas risquer de « foutre sa vie en l'air », comme il dit. Sa vie conjugale n'est pas pleinement satisfaisante mais elle comporte quantité d'à-côtés qui l'enchantent. De plus, « même les malheureux tiennent à leur bonheur… »

observait finement la grande romancière allemande Christa Wolf dans son livre, *Médée*. Mathias tient à son équilibre...

Tout commence par une attirance mutuelle

Mais les humeurs sont changeantes. Et une grande histoire d'amour peut tenir à un fil minuscule. Imaginons par exemple qu'une collègue de Mathias décide de l'entreprendre. Elle n'est plus très jeune, plus très jolie mais elle pétille de vie. Elle est avenante, marrante et ses yeux d'un marron chaud très uni sont magnifiques. La première fois qu'elle lui adresse la parole, Mathias bougonne une phrase qui semble être une fin de non-recevoir. Mais Véronique est habituée à se battre pour attirer l'attention des autres en général et des hommes en particulier. Dans sa famille, on l'appelait « la capote trouée » parce qu'elle était la cinquième enfant d'une fratrie de six et la cinquième fille. Autant dire qu'elle n'était pas désirée, mais les « traumatismes infantiles » pouvant être des tremplins pour développer des qualités, elle s'en est saisie pour devenir très vive et très gaie. Or, elle était bien décidée à dérider Mathias dont le petit air triste la touchait. Pour l'instant, elle n'avait pas d'idée plus précise.

Comment va-t-il prendre ces avances ? En fait, les réponses que nous donnons aux prémices de l'amour dépendent à la fois de choses très importantes et de presque rien. Le très important concerne notre bonheur conjugal. Quand on est pleinement satisfait dans son couple, quand la sexualité est inventive et épanouie, aller dans d'autres bras ne présente pas d'intérêt car nous ne pourrons jamais (sans pousser très loin la relation) atteindre le même niveau d'abandon, de créativité et de satisfaction mutuelle. Autrement dit, quand nous nous entendons très bien avec notre conjoint, avoir une aventure serait décevant... Encore que, selon le psychiatre Boris Cyrulnik, auteur de *Les nourritures affectives*, il existe deux sortes de personnalités amoureuses : les « explorateurs » aimant la nouveauté en amour (70 % d'hommes et 60 % de femmes) et les « pantouflards » appréciant de retrouver chaque soir le même corps, dans le même lit.

Notre réponse aux avances dépend aussi de détails : avons-nous bien ou mal dormi ? Avons-nous des soucis plein la tête qui nous rendent indisponibles ou bien le soleil, qui brille au-dehors, nous donne-t-il le cœur joyeux et l'esprit de conquête ? Jouent aussi, nos soirées de la veille ou de l'avant-veille. Nous sommes-nous disputés ou bien avons-nous vécu une belle nuit d'amour ? Ce presque rien nous rendra disponibles ou indisponibles à une nouvelle rencontre.

Bref, notre destin amoureux dépend de cet infime moment où nous abaissons le pont-levis de notre cœur qui devient « à prendre » pour quelques heures, quelques jours, quelques mois.

C'est en ce sens que la rencontre est une chance. À tout autre moment, Véronique, la collègue, n'aurait eu aucune chance. Mais Camille, la femme de Mathias, lui a fait ce soir-là une scène à propos d'un relevé bancaire ou de quelque chose d'aussi affectivement significatif. Peu ou prou, il a décidé dans son for intérieur de se venger de « cette emmerdeuse » sans savoir encore de quelle manière. Mais quand Véronique s'est présentée devant la machine à café, le « comment » lui a paru évident…

Quel rapport entre cette histoire d'amour de bureau, qui n'a même pas commencé, et l'amour qui nous gâche la vie ? Le point commun, c'est l'amour qui commence souvent sans en avoir l'air, si bien que nous ne songeons pas à nous méfier. Nous sommes d'autant moins prudents que la relation s'enclenche pour des raisons annexes à la personnalité des deux protagonistes de Cupidon. Véronique parce qu'elle a besoin de plaire à tout le monde pour se sentir heureuse. Et Mathias parce que sa femme l'a frustré ce jour-là un peu plus que de coutume.

Premiers fantasmes concordants ou… pas

Finalement Mathias et Véronique s'attardent devant la machine à café en parlant de… Peu importe d'ailleurs le sujet pourvu qu'ils aient les yeux dans les yeux et le sourire aux lèvres. À ce stade encore, Mathias peut reculer ou avancer :

– Pardon de vous abandonner mais j'ai un travail fou !

Ou bien :

– Vous habitez dans quel service ?

Si tous les deux rient de cette plaisanterie, attention danger. La complicité, une même tournure d'esprit et le plaisir d'être ensemble sont fondateurs de l'amour. Mais il est encore temps de revenir en arrière. Même après cet agréable moment, ils peuvent décider de ne plus penser à cette rencontre et au plaisir qu'ils en ont tiré. Il suffit qu'ils se replongent dans leur travail fou et que Mathias se concentre sur les barbecues et autres festivités à venir, en se souvenant des bonnes soirées qu'il passe encore avec sa femme quoi qu'il en dise. Pour lutter contre l'attirance, il pourrait aussi vouloir minimiser l'attirance qu'il éprouve pour Véronique en oubliant ses qualités pour se concentrer sur ses défauts : elle est petite, elle est fanée, ses lèvres sont trop minces… Mais la méthode est très mauvaise car penser à quelqu'un en mal, c'est encore y penser !

Jusque-là, nous sommes encore dans la phase de séduction. Nous ne pensons qu'à plaire. L'amour n'existe pas encore. Il s'agit plutôt d'un jeu consistant à nous montrer sous le jour que nous pensons être le plus attrayant, presque une histoire entre nous et nous. Si nous voyons qu'en face, l'autre accroche, nous avançons dans le sens qu'il nous indique. Sinon, nous dévions légèrement de notre trajectoire dans un sens qui semble plus à son goût. Un peu moins de jeu, un peu plus de spontanéité. Pas de plainte : il ne s'attendrit pas. L'humour, elle adore. Moins d'apitoiement, plus de pitreries. C'est ainsi que nous devenons un autre nous-même en infléchissant notre personnalité dans le sens qui lui plaît. Si ce sens nous plaît aussi, nous pouvons même croire que cette relation nous « révèle ». Mathias par exemple se découvre léger et drôle alors qu'il s'était toujours vu à travers les yeux de sa femme, Camille, comme un homme « responsable », une image trop sage qui ne lui convient plus…

Au plaisir de se croiser devant la machine à café, dans les couloirs, s'ajoute alors quelque chose de plus fort : l'attente. Nous guettons la rencontre et sentons monter en y pensant le trouble, l'émotion, le désir, le rose aux joues, une forme d'anxiété. Pourtant, si l'un des deux est muté, Mathias et la collègue s'oublieront vite.

À moins que…

Véronique et Mathias commencent à fantasmer sur un mot, un regard, un geste en les interprétant, en les amplifiant. L'amour est créatif. Il épilogue, à partir de signes minuscules, des histoires grandioses. C'est ici que débute véritablement l'amour, quand nous commençons à stimuler les aiguillons du désir, à prolonger les conversations, à remplir les blancs, à réentendre la voix, à revoir les gestes…

Alors nous devenons les artisans de l'amour fort, comme nous fouettons la crème fraîche pour la monter en Chantilly. En ce sens, l'amour est bien un fantasme. Certes, l'attirance existe mais nous, les passionnés, faisons mousser la romance bien au-delà de ce qu'elle voulait dire. Nous sommes donc responsables, non pas d'avoir allumé le feu, mais de l'attiser en faisant de l'homme ou de la femme rencontré(e) la personne de nos pensées.

Les différents sens de : « Je t'aime »…

C'est ici que certains grands rêveurs peuvent s'égarer en prêtant à leur partenaire des sentiments qu'ils sont les seuls à éprouver. Les don juans et les courtisanes par exemple miment l'amour pour le seul plaisir de séduire. Des sentiments, ils se moquent. De la sincérité aussi. Pour eux, plaire n'est qu'un jeu auquel nos âmes romantiques vont se brûler les ailes. Mais ce sont là des fautes de débutants. Les blessés de l'amour se méfient des play-boys et des femmes fatales. Ils savent les repérer et les fuir avant même de leur avoir parlé. Ils ne veulent pas souffrir et ils ont raison. Myriam, qui en a bavé avec son pervers de Pablo, reconnaît désormais au premier coup d'œil les tordus de son espèce : « *Maintenant je les vois venir à cent lieues. Ce sont des prédateurs. Il existe chez eux quelque chose de faux, un masque. Il me flattait, mais c'était une stratégie. Rien n'était senti…* »

Nous aime-t-on un peu, beaucoup, passionnément, à la folie, pas du tout ? Mieux vaut en avoir le cœur net dès maintenant, avant de poursuivre nos rêves. Il est intéressant aussi de savoir si nos partenaires aiment l'amour. Nous verrons dans la deuxième partie de ce livre que les pervers en ont horreur, que les dominateurs y voient une « faiblesse », une « dépendance » à éviter… Voilà qui devrait refroidir nos ardeurs ou en tout cas nous prévenir des risques encourus à nous éprendre d'eux. Quoi qu'il en soit, la souffrance s'amorce quand l'un commence à fabriquer en rêve un grand amour alors que l'autre garde les pieds sur terre et se contente de désir ou d'affection.

Cependant, ne soyons pas trop pessimistes. Il se peut que la déclaration tant attendue ait lieu.

– Je t'aime !

Voilà qui est dit. Voilà qui est su. Voilà qui est enregistré. Reste à savoir (c'est qu'il en faut, de la raison et de la prudence pour se prémunir de la souffrance d'aimer) si aimer a le même sens pour elle, pour lui, que pour nous. Car aimer peut vouloir dire : se marier et avoir beaucoup d'enfants comme dans les contes de fées. Ou signifier seulement : « Je suis merveilleusement bien dans tes bras. Tu m'apportes une détente, une sexualité, un dynamisme renouvelé. Tu me donnes du rire, de la joie, de la vie et c'est formidable… »

Et c'est tout ? C'est tout. Pour Mathias finalement, avoir une maîtresse s'avère à la fois très agréable et très peu « risqué ». Il se sent bien dans ses bras. Quand il est avec elle, il est dans une bulle qui lui permet d'oublier son « boulot fou », sa femme sexuellement indifférente, ses bébés bruyants.... Mais dès qu'il la quitte – régénéré et oublieux –, il reprend le cours de sa vie. Si Véronique est d'accord, pourquoi pas ? Si tous les deux n'attendent de cette relation qu'une agréable détente sans révolution, personne ne souffrira. C'est le déphasage entre les espoirs de l'un et les refus de l'autre qui crée l'angoisse et la douleur d'aimer.

Comme je m'aime... depuis qu'ils m'aiment !

Imaginons pourtant que les deux s'aiment à la folie. C'est-à-dire qu'ils se sentent pour la première fois totalement aimés et compris. Que leurs corps se troublent et vibrent à l'unisson. Qu'au contact l'un de l'autre, ils aient la révélation d'eux-mêmes. Qu'elle se sente une femme. Que lui se sente un homme. Qu'aucun ne soit dupe de la nature profonde de l'autre mais que les défauts de chacun soient justifiés, acceptés, transfigurés. Comme cet homme qui adorait la claudication de sa femme :

– Vous avez remarqué comme elle boite avec... élégance.

L'amour n'idéalise pas les défauts. Il n'en fait pas des qualités. Il les sublime, les transfigure, les adore, les élève, les anoblit comme des particularités uniques et adorées à ne pas supprimer : ce ne serait plus elle, ce ne serait plus lui. « Ne change pas ! disent les amoureux. Reste toi-même, promis ? »

Face à cette acceptation inconditionnelle de notre être, nos défauts deviennent des qualités, nos complexes des atouts, nos doutes des certitudes. Nous nous sentons des ailes. Nous sommes réconciliés avec la terre entière. Tout nous paraît beau et souhaitable ; et le monde entier, lumineux.

Nos ennemis pourraient devenir nos amis. Des regrets, nous faisons table rase. Le passé avec ses échecs, ses souffrances n'existe plus. Ne compte désormais que l'avenir. Un avenir radieux où nous pourrons enfin devenir véritablement qui nous sommes (ce moi découvert au contact de l'aimé) et donner notre pleine mesure, parce que l'amour a révélé la place que nous devions y prendre. Un autre nous-même est né. Justifié dans tout ce qu'il est. Réparé de ses blessures d'enfance et de ses blessures d'amour. C'est l'effet-Mathias...

Porté, épaulé par celui que nous adorons tout autant qu'il nous aime, nous avançons vers une autre vie. C'est un destin qui s'annonce. Celui pour lequel nous nous sentons faits depuis toujours. Ensemble et séparément, nous réaliserons de grandes choses. Le poète surréaliste André Breton insistait sur cet aspect en disant en substance que « l'amour consiste à rencontrer quelqu'un qui nous donne de nos nouvelles... ».

Ainsi, dans les bras de Mathias, Véronique se sent une femme jeune, magnifique, réconciliée avec son âge, son corps, sa petite taille, tandis que lui se découvre plein d'enfance et de fantaisie... Ils se découvrent drôles puisqu'ils se font rire. Intelligents puisqu'ils se comprennent à demi-mot. Pleins d'énergie puisqu'ils pourraient déplacer des montagnes. Précieux puisque l'un ne pourrait plus vivre sans l'autre et réciproquement. Et terriblement troublants puisque leurs corps s'électrisent et se tendent de plaisir.

Il devient de plus en plus difficile de reculer. À cette étape de la relation, si notre amoureux disparaît, son corps, ses rires, sa peau, ses mots... vont cruellement nous manquer. Néanmoins, nous pourrons survivre, car nous n'avons pas encore accroché notre avenir au sien. Le point d'irréversibilité arrive quand nous fantasmons un « nous » qui nous englobe tous les deux dans une autre vie à construire.

Arrivés là, l'un peut décider de ne pas aller plus loin tandis que l'autre continue de rêver un avenir qui n'arrivera pas. Mathias veut bien continuer l'aventure. Il ne veut pas rompre avec Véronique. Il l'aime, c'est un fait, mais pas assez pour quitter sa maison, ses enfants, ses copains et sa femme pour laquelle il garde de l'affection (d'autant plus d'affection d'ailleurs qu'il se sent vaguement coupable de la tromper).

Véronique est dans un autre état d'esprit. Elle est divorcée, ses enfants sont élevés. Elle veut une relation durable. Par principe aussi, elle refuse de passer ses journées à attendre que l'homme qu'elle aime se libère de son travail et de ses nombreuses obligations maritales, amicales, familiales…

L'amour est un « nous » conjugué au futur…

Elle rêve d'un « nous » dans lequel Mathias et elle formeraient un vrai couple. Et c'est son tort : bien qu'il ne lui ait rien promis, elle rêve trop loin. Jusqu'ici, son amoureux l'a suivie mais au-delà de cette limite, les fantasmes de Véronique ne sont plus valables et elle l'a toujours su. Elle aurait dû s'interdire de rêver ce « nous » dont il ne voulait pas. Pour ne pas souffrir, il faut impérativement qu'elle renonce à espérer.

Voilà pourquoi il est important de faire le point à chaque étape de la relation. Il faut s'assurer que l'attirance est réciproque afin de ne pas être trop déçu de s'entendre dire « non ». Nous assurer ensuite qu'il ne s'agit pas seulement d'une attirance physique. On peut trouver une femme ou un homme troublant, sans que sa personnalité nous séduise. Nous ne l'aimons pas au sens où nous ne partageons pas ses valeurs, au sens où sa manière d'être et de parler ne nous séduit pas particulièrement, ne nous émeut pas. Seuls nos corps savent vibrer d'un même accord. Si, en revanche, nous l'aimons véritablement, assurons-nous que la réciproque est vraie et que nous n'allons pas être embarqués dans une histoire à sens unique.

Mais on nous dit « je t'aime » : encore faut-il que cette déclaration ne soit pas interprétée de travers. Pour quelques-uns, elle signifie seulement « je t'aime là, à l'instant dans tes bras »... Pour d'autres, « je t'aime » équivaut à une promesse de mariage, de bébé... Assurons-nous encore d'être sur la même longueur d'ondes.

Hélas, il arrive que nos partenaires nous emmènent jusqu'à ce « nous » conjugué au futur. Il ou elle est d'accord pour que la révolution de l'amour se concrétise jusqu'à vivre ensemble, changer de mode de vie et nous réaliser, chacun de notre côté, dans ce nouveau « moi » que nous avons découvert ensemble et qui va pouvoir s'épanouir librement à la fois ensemble et séparément. À ce stade, l'amour n'est plus réversible. On ne peut plus revenir en arrière et retourner dans sa vie d'avant, dans son moi d'avant. Cet amour qui nous a transformés est dépositaire de tout ce qui nous constitue. Et s'il venait à s'écrouler, il nous entraînerait tout entier dans sa perte.

C'est le moment que certains choisissent pour nous lâcher. De leur fait ou de celui des événements. Si Ergun rentre dans son pays, après avoir promis à Blandine qu'il allait l'épouser et qu'ils auraient ensemble beaucoup d'enfants... la jeune fille, logiquement, va sombrer dans un profond chagrin. Sous l'influence d'Ergun, elle a remis en question son passé d'enfant sage, de fille de militaire un peu rigide et xénophobe. Elle s'est ouverte à un autre pays, une autre religion, une autre culture... Elle ne peut plus revenir en arrière sans se sentir étrangère à sa famille, son milieu, ses valeurs.

Son présent ? Il était tout entier baigné d'Ergun. Elle voyait la France par les yeux d'Ergun. Son corps vibrait sous les doigts d'Ergun. Ses rêves étaient peuplés d'Ergun. En mangeant un clafoutis aux cerises, elle pensait à le lui faire goûter. En découvrant *Avril brisé*, le livre du grand écrivain albanais Ismaïl Kadaré, elle pensait à le lui faire lire, etc. Quant à « leur » avenir, il se présentait sous les meilleurs auspices dans un lycée où elle serait professeur de français, tandis qu'il travaillerait à l'ambassade de Turquie. Ils auraient une maison en banlieue pour avoir de l'espace et trois enfants parfaitement trilingues : français, turc et anglais...

Sans Ergun, elle n'est plus rien. Tout est tombé à l'eau. Sa vie n'a plus de sens. Elle pourrait s'accrocher à ses études de lettres, mais c'était encore pour lui qu'elle dévorait Montaigne et apprenait par cœur les poèmes de Rimbaud. À quoi bon, sans lui ?

On comprend maintenant pourquoi notre tort n'est pas d'aimer trop fort mais trop vite. Sans nous poser régulièrement les questions qui viendraient tempérer, ou augmenter d'ailleurs, notre enthousiasme. On comprend aussi pourquoi la passion repose parfois sur une erreur d'estimation des sentiments ou des projets de celle ou celui que nous avons choisi. Et pourquoi la passion dévastatrice arrive seulement quand on nous lâche en cours de route. En nous laissant seul à aimer à ce point.

Mais concluons ce chapitre sur un air de fête, car la véritable histoire de Blandine et Ergun est celle d'une passion heureuse. Il est resté en France. Ils se sont mariés. Ils n'ont pas pu avoir d'enfants, mais ils s'aiment après dix-huit ans de mariage comme au premier jour. Et quand on leur demande comment ils font, ils répondent simplement : « Nous sommes deux à vouloir que la passion dure. Et deux à faire de notre amour la principale priorité. »

Chapitre II

Pourquoi on tire de « mauvais numéros »

Parce que c'est normal. Parce qu'il est rare de trouver du premier coup quelqu'un qui nous plaise et nous corresponde assez pour envisager une vie commune. Tous les « coups de foudre » sont précédés de quantité d'essais, que certains appellent des… erreurs. Choisir une succession de « mauvais numéros » s'inscrit dans la logique de la recherche amoureuse, comme l'illustre la belle histoire d'amour de Ferdinand et Jennifer. Leur *happy end* montre qu'il faut généralement « essayer » différents partenaires pour trouver la bonne personne. Celle avec laquelle on aura envie de partager sa vie. Les amours adolescentes en témoignent. Expéditives, elles suggèrent que pendant tout un temps « essayer » revient à ne pas adopter. Jusqu'au jour où : c'est elle ! c'est lui ! Et voilà…

Avec chaque femme, c'était « presque ça »…

Ferdinand croyait contre vents et marées que « chaque pot a son couvercle » et que son seul problème était de ne pas avoir trouvé le sien… Romantique, il rêvait de perfection. Il voulait que l'entente soit parfaite. Que celle qui deviendrait sa femme lui convienne sur tous les plans, physique, moral et intellectuel. Il voulait aussi qu'elle ait de la classe, un charme indéfinissable et un petit plus, quelque chose de différent, comme un accent étranger.

Son entourage le jugeait rêveur et idéaliste. Néanmoins, il poursuivait obstinément sa quête. Sachant qu'on ne trouve pas la femme de sa vie à sa porte, il la cherchait partout en rencontrant énormément de gens et en sortant beaucoup, allant jusqu'à s'inscrire dans une agence matrimoniale. Bien sûr, il avait « essayé » plusieurs femmes, en vivant même avec plusieurs. Mais à chaque fois, il manquait une petite dimension à l'amour, si bien qu'il ne pouvait pas leur dire « je t'aime » ni s'engager à long terme.

Le temps passait. À quarante ans, Ferdinand, toujours célibataire, commençait à croire qu'il s'était trompé : aucune femme ne pouvait lui convenir parfaitement. Il allait se résigner et se marier « comme tout le monde » quand il rencontre Jennifer chez des amis. C'est elle ! Elle a tout : la classe, la beauté, l'aura et même le petit accent étranger qu'il cherche depuis toujours. Alors qu'il n'arrivait pas à épouser la femme qu'il fréquentait depuis cinq ans, il aurait pu s'installer avec Jennifer immédiatement. Mais elle est mariée. Et ne touchant pas à la femme d'un autre « par principe », Ferdinand ne bouge pas !

Cinq ans plus tard, il apprend que le couple divorce. Le lendemain, Ferdinand téléphone à la belle, demande à la voir et révèle tout : il l'attend depuis toujours. Il a su dès le premier instant qu'elle était la femme de sa vie. Si elle accepte de partager son existence, ils peuvent vivre ensemble le soir même. Il ne lui demande pas de réponse immédiate, il veut seulement qu'elle sache à quoi s'en tenir. Et avoir la conscience tranquille : il s'en voudrait d'être passé à côté du grand amour si près du but.

Elle le prend pour un fou… Mais très seule après son divorce, elle accepte de sortir au cinéma et au restaurant. Ils se voient assez souvent. Ils font connaissance. Pour la laisser mettre un peu d'ordre dans ses idées, il ne fait rien pour la séduire ou l'embrasser. Un jour, c'est elle qui prend l'initiative. Pendant un an, ils vivent une passion d'adolescents. Puis ils se marient. Aujourd'hui, ils ont trois petits enfants. Ferdinand conclut : « *À aucun moment je n'ai été déçu. Chaque jour, je suis émerveillé de voir à quel point Jennifer correspond plus que parfaitement à mes attentes. Je me félicite d'avoir eu cette exigence et cette patience…* »

En réalité, Ferdinand ne tombait pas sur des mauvais numéros, mais sur des « à peu près bons numéros », ce qui est un peu différent. Les femmes qu'il rencontrait n'avaient pas tout à fait ses goûts, son rythme de vie, mais elles auraient pu devenir des épouses « convenables » avec lesquelles il se serait peut-être un peu ennuyé, mais sans que la relation soit délétère.

On peut se demander aussi si ce coup de foudre, cette certitude que Jennifer est « faite pour lui » n'est pas une reconstruction a posteriori de son grand amour.

Ferdinand ne paraissait pas si pressé de se marier. Il « flashe » sur la femme d'un autre. Quand il la trouve, il ne bouge pas. Ensuite, il lui déballe sa passion au risque de la faire fuir. Et quand il sort avec elle, il reste plusieurs mois sans la toucher ni l'embrasser…

Et si Ferdinand lui-même avait eu peur de l'engagement ? Et s'il faisait partie de ces hommes qui ont « peur d'aimer », peur que ce soit « trop fort », lui qui est gavé depuis l'enfance par l'affection d'une mère et d'une sœur trop « couveuses » ? On peut penser qu'il s'est abandonné à l'amour et au coup de foudre justement parce qu'il jetait son dévolu sur une femme mariée et donc impossible. Et qu'ensuite, son âge (quarante ans) le pressant de fonder une famille, il a fallu que ce soit l'amour et la famille maintenant… ou jamais.

Autrement dit, on aime quand on est prêt à aimer et quand on le veut vraiment. Quand il devient impératif pour son équilibre de changer de vie. Ferdinand en avait assez du célibat, de la solitude. Il voulait une femme, une famille et rencontrer l'amour car cela devenait urgent. Jennifer est arrivée à ce moment-là, au bon moment. Puis, elle s'est appliquée à devenir la femme de sa vie en apprenant à faire délicieusement la cuisine parce qu'il était gourmand, à danser le rock, la valse et le cha-cha parce que les danses de salon étaient sa passion, à apprécier le désert pour l'accompagner dans ses trekkings au Ténéré, etc.

Elle s'est appliquée à devenir le « bon couvercle pour le bon pot », sans que cela lui pèse. Parce que leurs personnalités étaient complémentaires et que les exigences de Ferdinand allaient dans le sens de la femme qu'elle souhaitait devenir…

FAIRE DES CONCESSIONS, JUSQU'OÙ ?

De Sara en revanche, on peut dire qu'elle a vraiment tiré plusieurs mauvais numéros. À trente-sept ans, elle se demande pourquoi elle n'a cessé d'aller d'échec en échec. Le premier était joueur. La nuit, il s'en allait vers les casinos et les cercles de jeu. Quand il rentrait au petit matin, il était soit riche soit ruiné, mais il ne se demandait jamais quel effet produisaient sur sa jeune femme ses revers de fortune. Il ne pensait qu'à son propre plaisir de flamber. Elle l'a quitté…

Le second avait une voix exceptionnelle. Il aurait bien aimé devenir chanteur, mais il préférait vivre aux crochets de sa compagne. Et lui laisser pour son retour du travail la vaisselle sale et la maison en bazar. Elle n'osait rien dire. Elle assumait les corvées ménagères, accueillait sa belle-mère chez eux à plein temps. Intérieurement, elle bouillait. C'était une relation asymétrique, dans laquelle l'une donnait beaucoup et l'autre pas du tout. Quand elle l'a quitté, il a réalisé qu'il perdait « une perle » mais il était trop tard.

Le troisième était étudiant en médecine. La seule chose qui comptait pour lui était d'obtenir son diplôme. Il a été recalé alors qu'un copain, avec les mêmes notes, a été reçu. Toujours prête à brandir le poing, Sara organise une grève de la faim devant l'université. Il obtient son diplôme et elle… pas un merci. Elle part !

Le quatrième avait vingt ans de plus qu'elle. Un amour. Elle se sent valorisée, aimée. Avec lui, elle apprend à avoir confiance en elle. Pour la première fois, elle ose dire ce qu'elle ressent. Ils vivent ensemble pendant dix ans, mais peu de sexualité. Lorsqu'elle commence à devenir un peu plus gourmande de plaisir, les conflits apparaissent. Il voulait qu'elle soit sa fille. Pas sa femme. Elle le quitte, mais il reste plus que son meilleur ami, une sorte de frère ou de père pour elle...

Le cinquième était un Brésilien à la sensualité ravageuse. Elle le rencontre quand elle a trente-trois ans et c'est la première fois qu'elle a un homme dans la peau. Leur relation est passionnelle et destructrice. Un jour, il lui interdit de partir en voyage professionnel. Il est jaloux. Il pense qu'elle va retrouver un autre homme. Elle part quand même. En rentrant, il mange seul, ne cause plus, ne la touche plus... mais il drague d'autres femmes et en sa présence. Elle se sent paumée, humiliée, malheureuse. Un jour, elle trouve ses affaires sur le palier...

Le sixième est un père divorcé qui se bat pour avoir la garde de ses enfants. Sara tombe amoureuse de toute la famille. Elle se bat à ses côtés pour qu'il récupère ses petits. Jour et nuit, elle travaille sur son dossier. Elle va jusqu'au ministère pour plaider sa cause, passe à la télé, s'inscrit dans une association militant pour la condition paternelle. Il obtient enfin la garde des enfants et Sara réalise peu à peu qu'elle a été manipulée. Elle est tombée sur un homme habile – et mauvais –, qui voulait « la peau de son ex-femme ». Sara sort de cette dernière relation, complètement détruite. Elle a trente-sept ans et elle se désespère : trouvera-t-elle jamais un homme qui lui convienne ?

Quelle différence entre Ferdinand et Sara ? Le premier savait exactement ce qu'il voulait et si une femme ne lui convenait pas, il ne la gardait pas. Quant à ses soi-disant mauvais numéros, elles ne l'étaient pas tant que cela... Sara, en revanche, tombe sur des hommes négatifs. Pourquoi ? « *Parce que je les attire. Ils sentent qu'ils ont trouvé "une bonne poire" qui va les supporter joueurs, paresseux, égoïstes, coureurs...* », constate Sara.

À chaque fois, elle veut tellement croire que « cette fois est la bonne » qu'elle se prête à toutes les concessions. Le premier dilapide l'argent du couple et elle ne s'en plaint pas. Le second paresse au lit quand elle travaille dix heures par jour et… elle ne dit rien. Le quatrième n'aime pas faire l'amour et elle se persuade qu'une fois tous les deux mois lui suffit.

En ce sens, elle est responsable d'en avoir fait des « mauvais numéros ». Sara elle-même le dit : « *Certaines choses auraient pu changer si j'avais posé mes conditions. J'aurais dû leur dire ce que je ressentais. Au lieu de quoi, j'ai gardé le sourire en leur faisant croire que tout allait bien…* »

Pour former un couple heureux, sans doute faut-il que chacun arrondisse les angles de sa personnalité, la rabote ici, la pousse dans ce sens-là. Mais quand la relation est saine et égalitaire, les deux partenaires font du chemin l'un vers l'autre et les concessions se réalisent sans peine. L'amour nous grandit, nous oblige à nous dépasser. Devenir un « autre homme, une autre femme » s'inscrit dans la logique d'un épanouissement souhaité. Sans aucun effort, Jennifer apprend la cuisine et la danse de salon. Pour elle, aller dans le sens de Ferdinand est un plaisir, une sorte d'élan naturel qui ne contrarie pas ce qu'elle est profondément…

Rien de tel chez Sara. Les concessions fournies ne lui apportent rien. Quel intérêt pour elle d'attendre que son homme rentre sans un sou ou de le retrouver le soir, affalé devant la télévision après une journée vide ? Mais le plus regrettable pour elle – et pour eux – reste qu'elle aurait pu les faire bouger en parlant (gentiment) du déséquilibre. Hélas, elle a supporté vaillamment des situations invivables. Jusqu'à la rupture, inévitable.

Carmen, prête à tout pour un homme…

Carmen ressemble à Sara comme une sœur. Toutes les deux s'interrogent : pourquoi tombent-elles si mal ? Et toutes les deux sont très pressées de rencontrer quelqu'un ! À trente-sept ans, il est temps pour Sara de faire un bébé… Quant à Carmen, elle aura cinquante ans dans quelques années. Et elle a peur qu'au-delà de cette limite, son « ticket ne soit plus valable », écrivait Romain Gary.

Très élancée, élégante, de beaux yeux verts… Carmen est une jolie femme. D'ailleurs, il suffit qu'elle se rende psychologiquement disponible à l'amour pour être très courtisée. Cependant, la plupart du temps, elle est sauvage : « *tantôt célibattante, tantôt célibattue* » dit-elle avec ce sens de la formule qui ne la quitte jamais. Comment une femme de cette qualité a-t-elle pu rater jusqu'ici le coche de l'amour ?

Les premières rencontres déterminent souvent les suivantes. Or, Carmen a eu la malchance de s'éprendre, à dix-neuf ans, d'un homme marié, de treize ans son aîné. Il avait des enfants. Il était assureur. Il habitait la maison voisine. Pendant des années, elle l'a guetté de la fenêtre de sa chambre, l'a attendu dans sa voiture sur les routes de campagne, a parcouru des kilomètres pour le retrouver en cachette. Ils ont vécu une passion physique intense à laquelle elle ne pouvait résister. Et longtemps, Carmen (qui est trop morale pour vouloir prendre la femme d'un autre) n'a rien demandé de plus à son amant que ces étreintes brûlantes entre deux rendez-vous. Penser qu'il n'aimait plus sa femme, « très ordinaire » selon lui, suffisait à la jeune fille pour se croire sans rivale.

Tout s'est gâté quand l'épouse légitime a attendu un autre bébé. Carmen est tombée des nues. Elle était si sûre qu'ils ne faisaient plus l'amour. Alors, elle a fait les comptes de la relation : jamais il ne lui avait sacrifié un week-end ou des vacances. Pas d'attentions, pas de cadeaux, pas de « je t'aime » ! Comme il se doit, la traditionnelle – et épuisante – valse des ruptures et des retrouvailles a commencé (menée d'ailleurs à l'instigation de l'un ou de l'autre). Nerveusement épuisée, Carmen a fini par faire une tentative de suicide.

Ses frères et sœurs l'ont secourue. Elle vient vivre chez l'un d'eux à Paris, mais sans réussir à rompre véritablement. Géographiquement, elle prend ses distances et ne cherche plus à revoir son amant mais, psychologiquement, le cordon n'est pas rompu. Et pendant presque vingt ans, elle continue de l'aimer sans voir le temps passer. La quarantaine approchant, elle s'affole : va-t-elle rester seule toute sa vie ?

Cette panique est responsable de nos plus grandes erreurs et de nos plus grandes douleurs. En effet, comme il nous faut absolument aimer et d'urgence, nous sommes prêts à toutes les bêtises, toutes les concessions, voire à toutes les humiliations. Carmen est une femme courageuse. Passer une petite annonce à la rubrique « rencontres » d'un hebdomadaire va à l'encontre de ses principes et de sa bonne éducation. Mais elle s'y résout et c'est ainsi qu'elle rencontre un homme… infréquentable.

Dire non aux humiliations

C'est un Sicilien possessif, jaloux, menteur et d'un machisme peu ordinaire. Mais Carmen, dont le caractère est bien trempé, se frotte les mains : « *Au moins, elle ne s'ennuiera pas. Ça va chauffer !* » Elle est persuadée qu'en amour, elle aime la bagarre et les rapports de force. Le seul homme gentil qu'elle ait rencontré l'a « ennuyée à mourir ». En fait, elle se donne de bonnes raisons pour apprécier ce type odieux, qui la prend de haut parce qu'elle est une femme et une femme sans mari, sans enfant et pressée d'aimer (lui pense : « de se caser » !).

Elle est tombée sur un goujat de premier choix, doublé sans doute d'un « pervers » écœuré par les femmes, l'amour et le contact physique… À sa façon, leur premier rapport sexuel est « rare » : expéditif, sans un mot et sans aucune caresse. (Dans *Le Complexe d'Icare*, l'essayiste américaine Erica Jong avait trouvé une expression vulgaire mais imagée pour définir cet acte purement sexuel : elle parlait du « baisage sans effeuillage ».)

Carmen veut comprendre. Elle rappelle : est-ce qu'elle a dit ou fait quelque chose qui n'allait pas ? Est-ce qu'il est toujours… Mais lui ne rappelle pas, lui pose des lapins. Cependant, il accepte de passer avec elle le réveillon de l'an 2000. Elle met les petits plats dans les grands : champagne, foie gras, saumon… et il décommande, sans donner d'excuse crédible. Elle réclame une explication, ne serait-ce que pour savoir où elle en est. (Carmen est si droite et si fiable qu'elle ne peut pas imaginer que cet homme soit tout simplement un salaud.) La scène, cette fois, se déroule chez lui. Il ne lui offre même pas un verre d'eau. Le match de foot à la télé est censé le passionner. Carmen lui parle. Il lui tourne le dos. Elle insiste. Il ne répond toujours pas. Enfin, elle se met à crier. Lui aussi :

– Un-zéro pour la France !

Carmen, humiliée, s'effondre. Maintenant, elle pleure comme une enfant, dans un coin de la pièce. Son maquillage coule sur ses joues. Il ne bouge pas d'un iota.

Le lendemain, elle dépose un bouquet de roses sur son paillasson et le rappelle en s'excusant « pour hier soir ». Il lui répond qu'il n'a jamais vu un spectacle aussi pitoyable.

Cette fois, Carmen a enfin compris que cet homme ne vaut rien. Quelques jours plus tard, elle rencontre « le Normand ». Il est le contraire du Sicilien : gai, franc, sympa. Pas tordu. Il a des relations simples avec son ex-femme, ses enfants. Il aime la nature, les plantes, les animaux, le Mont-Saint-Michel, manger, boire (un peu). Il a le même âge qu'elle et il est libre… Carmen pense :

– C'est le type que je cherche depuis toujours !

Elle veut tellement y croire qu'elle dit « oui » à tout :

– Il n'y a rien de mieux dans la vie que le flirt… dit-il.

Elle se persuade que le sexe « n'est peut-être pas son truc ». Elle se contentera de bons moments passés ensemble.

Un soir au restaurant, il lui dit qu'il « adore manger seul ». Elle est assise en face de lui ! Qu'importe, elle lui pardonne son « indépendance »…

La « célibattante » est fatiguée. Elle est prête à tout concéder pour poser sa tête sur une épaule. Elle est même d'accord pour se renier elle-même, en devenant une autre… Avec l'assureur, elle était une femme libre qui conduisait sa petite voiture à travers la France et brandissait le droit des femmes à l'égalité (un point de vue très commode pour l'assureur : il ne risquait pas d'avoir à choisir entre sa femme et sa maîtresse). Avec le Sicilien, elle devient femme fatale, très sexy… puisqu'il le lui demande. Avec le Normand, elle s'apprête à devenir une « mamma » qui lui avancerait ses chaussons devant la télé et lui préparerait de bons petits plats…

Carmen ne se demande pas si ces hommes sont valables. S'ils lui plaisent vraiment. Si elle les estime. S'ils peuvent lui apporter quelque chose d'agréable ou d'intéressant… Elle se coule dans leurs exigences, peut-être trop ? Et quand d'autres femmes à sa place passeraient leur chemin, elle insiste : elle a tellement envie que ça marche ! Beaucoup d'hommes et de femmes supportent des expériences humiliantes et difficiles. Ils en sortent désappointés et déçus. Ils se croient malchanceux et abonnés à l'échec.

Si Sara, Carmen et tant d'autres avaient un tort quelconque, ce serait de ne pas oser être calmement soi-même dans la relation. S'affirmer, exister, choisir… (mais en continuant les rencontres) permet, quand l'amour arrive (et il arrive nécessairement), d'être aimé pour soi. De plus, nous verrons dans la suite de ce livre qu'on ne gagne rien à se laisser humilier : comment respecter – et donc aimer – quelqu'un qui ne garde pas la tête haute ?

CHAPITRE III

Les blessures de l'enfance

La narratrice de *La première épouse*, le beau roman de Françoise Chandernagor, sait depuis le premier jour que l'homme qu'elle aime est un menteur et un coureur de jupons. À la veille de son mariage, il hésite encore entre elle et… une autre. Il ne cessera de la tromper malgré leurs quatre fils et leurs trente ans de mariage. Elle sait qu'il est volage mais elle lui donne dès le début sa bénédiction, comme si elle avait besoin de ces rivales pour devenir ce qu'elle veut être depuis l'enfance : la Préférée du père qui l'a trouvée si laide dans son berceau, elle, « la loucheuse », l'enfant du péché, « la noiraude » tandis que son frère était blond et… garçon.

Être sa Préférée aussi à l'inverse de ce qui arrivait dans la ronde des filles, qui chantaient dans la cour de récréation : « Entre les deux mon cœur balance, je ne sais pas laquelle aimer des deux… » et ne l'élisaient jamais.

D'autres femmes au passé affectivement plus serein ne seraient pas entrées, sans doute, dans une liaison si fatale. Elles n'auraient pas pu psychologiquement, émotionnellement, rester avec un type qui regarde ailleurs. Trop de jalousie. Trop de souffrance en perspective, malgré ses sourires enjôleurs, son minois à la Robert Redford et l'irrésistible couleur rousse de ses cheveux. Sentant venir la trahison, elles se seraient tournées vers d'autres charmeurs. Plus fidèles et plus fiables.

Quand nos parents nous ont habitués à être aimés et respectés, nous supportons mal que les plateaux de la balance amoureuse soient en déséquilibre. Nous savons ce qu'est l'amour. Nous savons qu'il se compose d'égards et de délicatesse. Qu'il nous place au centre du monde, au moins quand nous sommes là. Qu'il est d'une humeur constante, pour ne pas nous faire peur. Qu'il a des gestes doux, un regard tendre…

Tout ne se joue pas dans l'enfance…

Néanmoins, tout le monde peut se faire prendre au piège d'un amour délétère. Les bourreaux des cœurs ont un sacré charme, du brio, de l'intelligence à revendre, une séduction inimitable. Comme il est facile de s'éprendre d'un beau regard bleu, d'une peau de satin, d'un esprit qui pétille.

On peut aussi avoir beaucoup d'équilibre, mais pas du tout… d'expérience. Et prendre des vessies pour des lanternes, des promesses pour des engagements, de beaux discours pour des déclarations d'amour. Ou encore être véritablement trahi, floué, trompé par ceux qui promettaient la lune et nous juraient amour toujours. Nous savions ce qu'était l'amour, mais ils ont si parfaitement joué la comédie des sentiments – au point d'y croire eux-mêmes parfois – que nous avons « craqué ».

À l'inverse, même les personnalités malmenées par une enfance abominable peuvent rencontrer le grand Amour et savoir le garder.

Monique, par exemple, avait un père terrorisant. Quand il tournait la clef dans la serrure le soir, toute la famille retenait sa respiration dans l'attente de l'humeur qui allait venir. Allait-il lancer son fameux « bonjour la compagnie ! » d'un ton joyeux ? Ou se mettre à hurler sous divers prétextes : ses chaussons pas tout à fait à leur place, une drôle d'odeur dans la cuisine, personne pour lui dire bonjour. Il pouvait être le plus adorable des pères, comme le plus odieux. Allait-on recevoir des coups ou des baisers, c'était tous les soirs une « surprise ».

Certains dîners merveilleux se passaient à écouter cet homme cultivé raconter la Révolution française ou l'histoire des jardins ouvriers, ou… à subir ses colères noires pour un verre renversé ou quelques miettes de pain tombées sur le tapis. Parfois il hurlait si fort et les coups pleuvaient si dru que les voisins appelaient la police…

En rencontrant Alain, Monique s'attendait à ce que tous les hommes soient aussi terrifiants que son père. Aussi veillait-elle à ne jamais le faire attendre et si, par malheur, elle était retardée par une fermeture-Éclair résistante avant une sortie, elle se mettait dans tous ses états et sentait monter en elle une angoisse d'enfant, une vague de culpabilité et une peur irrépressible de se faire gronder. Venait-elle à perdre les clefs au fond de son cabas… elle jetait un coup d'œil à son mari à la perspective des reproches à venir. Sûrement, il allait s'impatienter. Et le jour où elle s'est fait voler son sac à main bourré de devises lors d'un voyage à l'étranger, elle a cru mourir de honte et de colère contre elle-même. Elle s'est mise à pleurer en suffoquant comme une enfant : elle allait gâcher les vacances et toutes leurs économies, envolées ! Ses chaudes larmes étaient sincères, mais elles visaient aussi à prévenir la scène qui allait suivre. D'une certaine manière, elle avait peur des coups.

Mais aucun reproche n'est venu. Son mari a remarqué que tout le monde était encore vivant et en bonne santé. Qu'il faisait très beau, qu'ils avaient la chance d'être tous les cinq (eux et leurs trois enfants) aux États-Unis et qu'ils descendraient dans des hôtels sans étoile, une baisse du train de vie excellente pour l'éducation de leurs trois fils habitués à être gâtés pourris, n'est-ce pas les garçons ?

La part de chance dans la rencontre…

En homme calme et équilibré, Alain ne songeait pas à traiter sa femme comme une petite fille, ni à lui faire subir ses humeurs instables, encore moins à la « gronder » ou à lui adresser des reproches. Si bien que, peu à peu, Monique s'est détendue. Dans son couple comme dans sa famille, elle est devenue une femme épanouie et heureuse.

Voici un autre exemple, encore plus parlant. Celui de Bettina. On n'imagine pas pire enfance que la sienne. Tout commence par l'abandon de son père qui ne la reconnaît pas. Puis sa vie continue par l'abandon de sa maman qui la confie à l'Aide sociale à l'enfance lorsqu'elle a six mois. Hélas, sa mère – qui ne peut pas supporter cette enfant – est inspecteur des impôts. Comme elle occupe une position sociale aisée et « respectable », on lui rend sa toute petite fille. Elle la reprend mais laisse son nouveau mari abuser sexuellement du bébé. Sans compter les coups. Une enfant martyre. Est-ce pour la protéger ou pour s'en débarrasser ? Toujours est-il que la même mère abandonne une nouvelle fois l'enfant, sur la voie publique, dans des toilettes de gare. Elle a deux ans et demi.

Bettina est ensuite confiée à différentes familles d'accueil à la campagne. Certaines méritent bien leur nom et l'accueillent en effet gentiment. D'autres s'en occupent de loin et laissent les voisins la violer. Presque tout le village sait, mais on ferme les yeux en préférant que la « gosse de l'assistance » soit abusée plutôt que ses propres filles…

À 19 ans, Bettina a de la chance pour la première fois de sa jeune vie. Elle rencontre Maurice. Il est beau garçon, très sympathique et il tombe fou amoureux des yeux bleus de cette sauvage qu'est devenue Bettina, jeune fille. Le couple aura des difficultés (notamment sexuelles et pour cause !) mais jamais il n'y aura entre eux d'irrespect, encore moins de maltraitance. Son mari est un homme adorable qui sait l'aimer et la rendre heureuse, autant que possible. Il est avec elle d'une patience d'ange. Même quand elle se replie sur elle-même.

Même quand elle se rétracte parce qu'il commence à avoir l'âge de ses violeurs. Même quand elle s'emporte ou disparaît de peur qu'on ne l'aime plus ou qu'à nouveau on l'abandonne. Qu'importe le caractère impossible de cette femme blessée ! Ces deux-là s'aiment au-delà de tous les obstacles.

Ceci pour dire qu'une part de chance intervient dans l'amour et qu'on ne répète pas à coup sûr les schémas de l'enfance. Heureusement d'ailleurs. Sinon, il pèserait sur nos couples une sorte de prédestination faisant des lignées de malheureux d'un côté, des lignées d'heureux de l'autre. Et sans espoir de sortir de ces schémas prévisibles.

Les ex-enfants victimes de parents indignes, incompétents, abusifs ne deviennent pas nécessairement des adultes masochistes à la recherche du conjoint qui fera leur malheur. Si le bonheur se présente en premier, ils l'attrapent volontiers comme l'ont fait Bettina et Monique. Leur homme, elles le gardent, l'apprécient et le remercient chaque jour d'exister.

En amour, nos parents nous ouvrent la voie…

Mais tout le monde n'a pas la chance de rencontrer dès le début de sa vie amoureuse un homme ou une femme en or. Ceux qui ont été aimés continueront à chercher en se détournant spontanément des tordus, des pervers et autres caractériels. Et ils finiront par rencontrer la « bonne personne ». En revanche, moins ou mal aimés, nous risquons de nous attarder dans une relation douloureuse parce que les dysfonctionnements conjugaux nous paraissent la norme.

Nos parents forgent notre vision de la vie conjugale. Ils nous ont servi de modèles ou de… contre-modèles (ce qui revient au même : ils nous déterminent). De leur exemple, nous avons nécessairement tiré toutes sortes de croyances et de théories sur l'amour, qui marquent notre façon d'aimer.

Quand nos parents se sont aimés et nous ont aimés,

tout va bien. Mais si nous avons eu par exemple un père dominateur et une mère soumise, nous pourrons penser que, dans un couple, « il y en a toujours un des deux qui porte la culotte ». Même si les rapports de force nous font souffrir, nous penserons qu'il faut nécessairement que l'un dirige et que l'autre se soumette. Nous n'envisagerons même pas qu'il puisse exister une autre manière d'être ensemble, sans lutte pour le pouvoir.

Dans la même veine, si nous avons vécu avec des parents versatiles qui tantôt nous « adoraient », tantôt nous rejetaient en fonction de leurs soucis ou de leur… bonne descente avinée, nous en déduirons peut-être que pour vivre de bons moments, il faut aussi en subir de mauvais. Notre enfance nous aura habitués à penser que nous ne pouvons obtenir le meilleur sans le pire, les bisous sans les coups. Inconsciemment bien sûr, nous établirons un lien psychologique entre l'amour et la violence. Une confusion qui éventuellement nous pousse à provoquer l'agressivité du conjoint, celle-ci étant vécue comme une « preuve d'amour… ».

Avoir grandi dans une famille très conflictuelle, avec des parents qui se déchiraient et faisaient un drame de tout, prédispose à voir l'amour comme un pugilat : impossible de s'aimer « vraiment » sans s'entre-tuer. Selon nous, ce genre de relations prouverait à l'extrême que notre amour est « vivant » et qu'il s'agit bien d'une passion.

Plus longtemps que les autres aussi, nous resterons dans ces couples explosifs pour avoir entendu notre mère répéter dans la même situation, lorsque nous lui suggérions de partir : « Mais pour aller où ? Je ne sais rien faire. Je n'ai pas de diplôme, pas d'argent… » Notre jeune esprit en aura conclu qu'une femme ne peut pas vivre sans un homme. Que sans lui, elle se trouve sans ressources, perdue, abandonnée. Et qu'elle doit tout faire pour garder son homme, quoi qu'il lui en coûte…

D'autres croyances peuvent expliquer que nous restions dans une relation malheureuse et déséquilibrée. Fabrice est un trentenaire jovial, agent commercial, coureur de marathon… qui s'épuise à aimer une femme glaciale. Elle est ironique et indifférente. Éternel bonnet de nuit, elle le décourage dès qu'il prend des initiatives. Parce qu'il a vu son père adorer son épouse sans espoir de retour, Fabrice en a déduit que « *dans un couple, il y en a toujours un qui aime plus que l'autre* » jusqu'au jour où il rencontre une femme aimante. Elle détrompe cet homme charmant qui mérite mieux qu'un glaçon…

Mais il se peut que nos parents nous servent à l'inverse de contre-modèles : surtout pas comme eux ! Considérant notre maman comme une « mégère » au foyer, nous chercherons à ne surtout pas lui ressembler, à ne pas faire de vague, à ne pas faire souffrir nos chers et tendres… même quand la situation l'exigerait.

Considérant que son père était un « Toutou » se laissant mener par le bout du nez, un fils, humilié par procuration, vengera son papa (et s'en démarquera) en dirigeant, maîtrisant, contrôlant tout son monde à la maison. Pour faire savoir qu'il existe, qu'il est un homme, un vrai. Ainsi, il ne saura pas ce qu'intimité, partage, échange et complicité peuvent signifier.

Dernier exemple, Sandra a la trentaine et un petit garçon. Dès les premiers mois de son mariage, elle a compris qu'elle avait fait une erreur en épousant un « rustre » qui imaginait son épouse aux fourneaux lui préparant « entrée, plat, fromage et dessert » ! À l'occasion, il lui a même donné quelques gifles. Mais Sandra ne voulait pas abdiquer afin de prouver à sa mère (mariée et divorcée trois fois) qu'elle au moins était capable de maintenir son couple. Jusqu'au jour où la gifle a été trop forte. Tant pis pour l'honneur : elle a pris ses cliques, ses claques et son bébé sous le bras pour rentrer chez Maman.

À travers les couples que nous formons à notre tour, nous nous adressons aussi à nos parents en essayant de faire comme eux, mieux ou surtout pas mieux qu'eux… D'où parfois nos fourvoiements amoureux et conjugaux. Et cette constatation que le premier amour est rarement le dernier, car il sert à éponger les blessures de l'enfance et à sortir de sa relation avec ses parents. Généralement, c'est le second qui est le bon…

La répétition des défis affectifs de l'enfance

Une sorte d'instinct nous conduit vers des schémas émotionnels et affectifs déjà vécus. Enfants d'alcooliques, nous aurons tendance à prendre un conjoint du même tonneau. Enfants maltraités, nous pourrons retomber dans les griffes d'un démon, parce que l'alcool et la violence sont des ennemis repérables, avec lesquels nous avons appris à composer. Nous connaissons déjà leurs ruses et leurs mauvais tours. Nous en souffrons mais nous sommes en terrain connu. Là au moins, nous savons à quoi nous en tenir.

En revanche, que savons-nous de la douceur ou de la gentillesse ? Que cachent donc ces vertus ? De l'hypocrisie, des trahisons, du désamour en perspective ? Il faudra toute la patience d'un Alain ou d'un Maurice pour nous prouver que les gens de bien nous veulent… du bien.

Mais nous ne nous contentons pas de répéter une configuration relationnelle. Nous voulons aussi réussir à l'âge adulte là où nous avons échoué enfants. Nous reprenons notre rôle affectif là où nous l'avons laissé dans l'enfance, avec la ferme intention, cette fois, d'en sortir vainqueur. C'est en ce sens que certaines femmes ne rencontrent que des « méchants », des durs, des rebelles avec lesquels il va falloir se battre ! Habituées depuis l'enfance à faire des pieds et des mains pour amadouer leur père et ravir la première place à leurs sœurs dans le cœur paternel, elles choisissent des hommes inaccessibles, des hommes mariés qui les mettent en concurrence avec d'autres femmes, des rivales à abattre. L'intéressant pour elles, dans une relation avec un homme, est de « réussir » à devenir la Préférée, la Seule, l'Unique malgré ses concurrentes nécessaires.

Ce désir de réparation ne concerne pas forcément nos parents. Il est parfois relatif à un frère ou une sœur, un oncle, une grand-mère, un maître… ayant marqué notre enfance ou, plus tard, notre adolescence. Souvent, l'être aimé devient le carrefour de nos rendez-vous affectifs, manqués et réussis. Dans un entrelacs compliqué que seuls des psychanalystes réussiraient à démêler, il incarne tous les défis amoureux du passé…

Ainsi, nous espérons (à notre insu bien sûr) parvenir aujourd'hui à nous faire aimer de qui ne nous aime pas, à mater la violence, à sortir de la déprime, à guérir de l'alcool compagnes et compagnons actuels si, dans l'enfance déjà, nous nous étions confié cette mission. Nous rejouons les conflits du passé, avec la ferme intention cette fois d'apporter au problème posé par la relation le *happy end* que nous avons toujours souhaité.

Dans la relation, quelque chose se répète…

« Mon mari n'a rien à voir avec mon père ! » « J'ai épousé une femme qui est le contraire de ma mère ! » dirons-nous avec raison. Nos conjoints ne ressemblent pas à nos parents à proprement parler. C'est dans la relation que quelque chose se répète en nous replaçant dans la situation émotionnelle et psychologique que nous occupions autrefois.

Sylvia, clown et faire-valoir d'un grand homme…

Voyons l'histoire de Sylvia, trente-six ans, célibataire, sans enfant. Ses parents ont divorcé lorsqu'elle était une toute petite fille. Presque aussitôt, son père a cessé de la voir régulièrement et sa mère l'a confiée à des tantes, des amis ou des pensionnats. Pas de place pour elle dans la vie de ses parents sauf… si elle s'ingéniait à devenir valorisante pour eux. Son père, par exemple, lui téléphonait en lui disant qu'il voulait bien l'emmener au restaurant, mais à condition qu'elle soit aimable. Sinon il ne l'inviterait plus. Et il aurait tenu parole.

Systématiquement accompagné d'une jeune maîtresse, il attendait de Sylvia qu'elle soit charmante et drôle. Il l'utilisait pour se glorifier auprès de ses blondes. Et si sa fille avait en plus l'habileté de singer une tendre complicité père/fille émoustillant leur jalousie, la petite avait le droit de revenir en deuxième ou en quatrième ou en douzième semaine, on verrait…

Devant lui, Sylvia hurlait de rire. En rentrant, elle fondait en larmes. Mais qu'importe ! Elle reverrait son papa, qui pouvait bien se montrer « enchanté » de sa progéniture : elle s'en donnait du mal, pour lui plaire !

Le premier mari de Sylvia n'avait rien à voir avec son père. Physiquement, il était une force de la nature, une sorte de géant roux. Son papa était plutôt un homme petit, nerveux, brun de peau et de cheveux. De même, peu de ressemblances psychologiques. L'un buvait trop et l'autre… rien. Mais Sylvia s'évertuait avec son mari, comme avec son père, à être de bonne compagnie, distrayante et sans problème. Et, de la même manière qu'elle attendait le bon vouloir paternel, elle attendait que son mari… dessoule pour avoir le droit de lui adresser la parole.

Croyant être délivrée de cette position passive, elle a finalement quitté son géant pour les bras d'un autre homme infiniment tendre… à ses heures. Gaël, l'avocat, n'a jamais voulu s'engager. Encore moins l'épouser. Il la tenait « à disposition », lui téléphonant au dernier moment pour qu'elle organise un dîner pour lui et des clients et… annulant au dernier moment. Il lui demandait de retenir ses dates de vacances et bousculait ses plans, toujours au dernier moment. Il l'appelait pour qu'elle l'aide à organiser une fête pour les vingt ans de sa fille, puis lui demandait… de disparaître avant que ne commencent les réjouissances. Il disait qu'il venait et... ne venait pas. Il disait qu'il appelait et... n'appelait pas. Il disait qu'il ne viendrait pas et... il passait pour faire l'amour en coup de vent : merci ! Salut !

Pendant dix ans, Sylvia a supplié le Ciel de lui donner la force de s'arracher à cet homme. Mais elle n'y arrivait pas. Elle continuait, comme la petite fille qu'elle avait été, à attendre qu'on la siffle. Et à faire le clown pour qu'on la rappelle. Comme son père autrefois, l'avocat s'occupait d'elle quand il en avait le temps et... entre deux blondes.

Parfois, la jeune femme explosait : « *Ne me refais plus jamais cela !* » Il promettait et recommençait... Et elle continuait de faire le clown par-devant et de pleurer par-derrière dans l'espoir improbable de l'attendrir et de le conquérir définitivement. Elle courait, comme avec son père, après un « nous » qu'il ne voulait pas construire. En fait, elle était niée. Ce qu'elle pensait, ce qu'elle voulait, ce qu'elle souffrait n'avait aucune espèce d'importance.

Répéter les défis affectifs de l'enfance, pourquoi pas ? C'est ainsi que nous pouvons tomber amoureux et devenir... heureux. Quand l'histoire tourne bien, nous réussissons à nous faire aimer de qui paraît inaccessible. Nous arrivons à consoler l'inconsolable, à séduire l'imprenable, à l'emporter sur nos rivaux, etc. Nous avons tous subi des préjudices affectifs, nos parents n'ayant pas pu nous aimer exactement comme nous l'aurions voulu. Mais la plupart de ces « bobos de l'âme » se dissolvent et se réparent dans nos plus belles histoires d'amour.

Alors, quelles sont les blessures de l'enfance susceptibles de gâcher nos amours ultérieures ? Qui sont les « parents toxiques » capables de nous mener (si la chance nous manque) à vivre plus tard des relations destructrices ?

Ces parents qui pèsent sur nos destins amoureux sont certainement violents ou indifférents. Mais Susan Forward, psychothérapeute américaine et auteur à succès de *Parents toxiques*, en donne une définition plus subtile. « Les familles toxiques, dit-elle en substance, sont celles où les individualités ne circulent ni du côté des parents, ni du côté des enfants. Chacun joue un rôle qui sonne faux car s'affirmer, oser dire et être soi-même, est une impossibilité qui constituerait une sorte de scandale… »

Si, au sein de notre couple, nous nous sentons condamnés à jouer un rôle, si nous ne pouvons, dans cette relation, nous sentir libres d'être nous-mêmes… alors, il faut croire que nous sommes à nouveau piégés dans une relation toxique. Comme l'était Sylvia la femme-clown ou comme l'est François enfermé dans son rôle de Bon Samaritain.

François, le Bon Samaritain…

François était l'aîné d'une famille de cinq enfants. Sa mère, vite débordée par ses grossesses rapprochées, était tombée dans une sorte de déprime chronique la rendant plaintive, fatigable et maussade. Le père travaillait beaucoup pour élever sa famille. Il se déchargeait aussi de ses responsabilités affectives sur son fils qu'il « parentifia » avant l'heure. (Parentifier signifiant inverser les rôles et demander aux enfants de prendre soin des parents.)

– Prends bien soin de ta mère, lui disait-il. Sois sage ! Ne fais pas de bêtises et arrange-toi pour lui décrocher un sourire…

Le petit bonhomme faisait ce qu'il pouvait – et même ce qu'il ne pouvait pas – pour obéir à son papa. Il aidait au ménage, s'occupait de ses frères et sœurs, faisait ses devoirs et des bisous dès qu'il pouvait sur la main de sa maman distraite… Il était le lien par lequel tous les membres de la famille tenaient entre eux. Il était celui qui empêchait l'écroulement du système. Celui qui portait l'ensemble à bout de bras. Le cordon ombilical commis d'office.

Devenu adulte, il est tombé amoureux d'une « brindille » de 41 kilos et demi, anorexique mais extrêmement dynamique.

Objectivement, elle n'avait aucun rapport avec la personnalité lascive et débordée de sa propre mère. Sa femme n'arrêtait pas de courir et prenait la maisonnée en main avec une énergie et un courage qui séduisirent François : elle n'était pas du genre à se laisser abattre.

Mais à s'enfermer dans ses rituels alimentaires, oui.

Pour la distraire et maintenir un semblant de vie familiale avec leurs enfants, François recommença à jouer le rôle du Bon Samaritain pourvoyant à tout et faisant semblant de ne rien voir, rien entendre. À la fois mari attentif et tendre père, bon collègue et bon ami, il s'est coupé en quatre pour que la vie continue. Pour faire comme si sa femme allait bien, comme si ses enfants ne voyaient pas leur maman chipoter ses deux feuilles de salade. Comme si personne ne l'entendait vomir ni ne la sentait ailleurs, dans un monde de kilos, de grammes, de pèse-personne et de calories…

François est inquiet pour sa femme comme il l'était pour sa propre mère. En faisant comme si tout allait bien, l'aide-t-il ou ne l'aide-t-il pas ? Et ses enfants ? En tout cas, le petit garçon qui est en lui ne peut se résoudre à cette impuissance devant la maladie mentale. Il veut la vaincre lui-même, et maintenant comme il a essayé de le faire hier : en assumant jusqu'au bout et en faisant comme si…

Dernière histoire d'amour piégeant préparée dans l'enfance, celle de « Marlène, ma pauvre fille ! » comme disait son père.

Marlène la sacrifiée

Marlène a vingt-cinq ans, un physique charmant de petite rousse. Elle est discrète, effacée mais souriante quand on l'approche. C'est une femme très pure, qui ne voit le mal nulle part. Quand elle a rencontré son futur mari pour la première fois, Marlène a été subjuguée par son charisme, son intelligence et sa position sociale. Il était froid, élégant, prof, capitaine d'industrie « surbooké » toujours entre deux rendez-vous.

Parfaitement moderne ! De quoi épater cette petite étudiante boursière se croyant « incolore et sans saveur » et décrochant ses diplômes avec tout juste la moyenne. Quand il s'est attardé sur sa jolie silhouette à la sortie d'un cours, elle s'est sentie transpercée jusqu'au fond de l'âme : il l'avait regardée ! Elle crut à un coup de foudre.

Au cours suivant, elle était de plus en plus rougissante et lui, de plus en plus… insistant. Il lui proposa de la raccompagner. Belle voiture, « clim » et musique classique, il prononça une phrase d'un romantisme fou du genre :

– Je vous veux !

Elle crut à une déclaration d'amour.

Plus tard, il demanda à connaître ses parents. La différence d'âge et de statut social les impressionna. Seul son frère se permit de dire :

– Je ne le sens pas, ce type…

Si elle s'était attardée à ses propres impressions, elle ne l'aurait pas « senti » non plus. Mais habituée à ne pas avoir d'avis personnel, Marlène s'est ralliée à l'opinion de ses parents. Or, ils apprécièrent beaucoup cet homme important, professeur, chef d'entreprise et noble de surcroît. Si « Marlène ma pauvre fille ! » ne saisissait pas cette perche inespérée, elle ne trouverait jamais aussi beau parti.

Grandes épousailles, grand appartement, beaucoup de travail pour lui, plus du tout pour elle :

– Il vaut mieux que tu arrêtes tes études. Tu n'as pas besoin de travailler. D'ailleurs qu'est-ce qu'un BTS ? On le donne même aux ouvriers !

Et voici Marlène réincarnée dans ce rôle de « pauvre fille ». Sa relation de couple entérine ce qu'elle a toujours pensé d'elle-même, à savoir qu'elle est une bonne à rien qui compte pour du beurre. Elle se croit faite pour jouer les petites souris et sacrifier son bonheur. Considérant que le plus important est

« que les autres soient heureux », elle ne demande jamais rien pour elle-même. Elle ressemble à « Yoyo » dans *Un air de famille*, le film écrit par Agnès Jaoui et Jean-Pierre Bacri. On a envie de lui offrir un « collier de chien » pour son anniversaire. Et de la secouer : « Mais réagis, Marlène ! Ils te volent tes talents, ta joie de vivre, ton intelligence… et ensuite ils te reprochent de n'être rien. Ne rentre pas dans leur jeu ! Ne joue pas les pauvres filles Yoyo… Sauve-toi de là ! »

Le poids des familles toxiques…

« Dans les familles toxiques, poursuit Susan Forward, certains messages sont explicitement formulés » : dans le rôle du clown on demande Sylvia, dans celui du Bon Samaritain François, dans celui de la nunuche Marlène… « Tandis que d'autres injonctions sont clandestines, mais tout aussi influentes sur nos destins amoureux. Quand toutes les sœurs d'une fratrie échouent en amour par exemple, on peut soupçonner l'existence d'une consigne souterraine du genre :

> – Soyez de bonnes petites filles, mes Chéries. N'aimez aucun autre homme que votre merveilleux Papa. Ne l'abandonnez jamais, il en mourrait ! Et nous verrons laquelle de vous toutes sera la plus gentille, la plus reconnaissante en s'occupant le mieux de son vieux Père… »

Dans ce genre de configuration familiale, toutes les sœurs se jalousent et passent à côté du bonheur mais chaque jour, elles continuent de téléphoner à leur Papa Chéri qui prend bien soin de faire croire à chacune qu'elle est sa Préférée. Mais derrière cette tendresse affichée, gare à celle qui voudra vivre le grand amour. Elle sera empêchée, culpabilisée ou… bannie. Toute sa vie, elle aura à choisir entre sa passion ou sa famille, entre l'amour d'un homme et celui d'un père. Et sans pouvoir compter sur aucun soutien. Car la mère et les autres sœurs s'emploieront à juger « scandaleux » l'affront qu'elle ferait à

« toute la famille » (remarquez les subtils glissements de vocabulaire) en trahissant les siens. C'est-à-dire ? En aimant quelqu'un qui n'aurait pas reçu le blanc-seing paternel et donc l'aval de toute la famille.

Elles sont terribles, ces familles « bien sous tous rapports » qui considèrent le bonheur des enfants comme une traîtrise et un abandon. De même, l'affirmation des identités et des différences. S'affirmer autre que le père (ou la mère), c'est trahir et mériter la répudiation.

Bon an mal an, chacun tente de s'en sortir comme il peut. L'une des sœurs peut fuguer avec le grand amour de sa vie et s'arranger ensuite pour saboter un bonheur à portée de main. Une autre peut épouser un monsieur qui a presque l'âge d'être son père, mais qui n'arrive pas à la cheville de son Papa. Une troisième jouera au fils pour échapper à l'horrible destin des filles. Elle fera l'indépendante, se coiffera à la garçonne et singera une complicité « d'homme à homme » avec Papa. Elle vivra aussi des amours impossibles avec des hommes mariés et crèvera de solitude, tout en rêvant de chouchouter son Prince Charmant.

Là encore, on a tellement envie de leur dire : « Debout les filles ! Il est temps de reprendre votre bonheur en main. Et tant pis pour Papa ! Vous lui avez déjà tant sacrifié… Prenez le risque d'être bannies, mais vivez l'amour que vous méritez ! »

Mais l'influence des parents et des familles toxiques est bien plus solide que celle des autres. On n'en a jamais fini de quêter l'amour et la reconnaissance et, périodiquement, il faut rentrer au bercail pour prouver que nous ne réussissons pas aussi bien que nous en avons l'air. Que notre bonheur apparent est un leurre. Que tout ce que nous avons gagné d'un côté (un bon métier par exemple) a été sacrifié de l'autre (nos ratages amoureux)… afin de ne pas s'attirer les foudres de parents qui ne supportent pas que l'on soit heureux, sans eux.

Espérant si vainement leur plaire aujourd'hui comme

autrefois lorsque nous étions des enfants, nous nous embourbons dans ce qui ressemble à l'échec, au malheur, à la non-vie, au non-épanouissement afin de rester fidèles au rôle qui nous a été dévolu dès l'enfance : être affectivement et exclusivement disponibles pour Papa et Maman.

Dans ces conditions, comment Sylvia, François, Marlène et les trois sœurs pourraient-ils aimer quelqu'un qui les rendrait heureux sans éprouver le douloureux sentiment d'avoir trahi ? « Sans le savoir ni même le vouloir, les parents toxiques (eux-mêmes issus sans doute de familles difficiles) tiennent à garder leur emprise », nous explique Susan Fordward. D'ailleurs, quand Sylvia s'est mariée la première fois, son père lui a envoyé un télégramme explicite :

– Tu t'es trompée, reviens !

Mais bonne fille, elle s'était déjà employée à lui donner raison.

Son choix n'était pas le bon.

Entre le besoin et l'avidité d'amour

De par leur nature, certaines relations fabriquent de toutes pièces une dépendance chronique. Les don juans en savent quelque chose. Ils savent que pour se faire aimer, il faut souffler le chaud puis le froid. Parler d'amour puis se taire. Aimer passionnément puis se montrer indifférent. Promettre et se dérober. Faire l'amour et ne pas rappeler. Donner un délicieux avant-goût de l'amour dans un flirt poussé, offrir une nuit d'amour sans donner suite mais en laissant miroiter que peut-être…

Ces méthodes de dealers amoureux créent à coup sûr la dépendance affective. Une métaphore alimentaire l'explique bien : imaginons un enfant bien équilibré qui joue tranquillement au ballon sans penser à manger. On vient le chercher « pour goûter » (création du besoin). On lui montre alors toutes sortes de tartes et de gâteaux délicieux, en lui demandant lequel lui ferait plaisir (on lui fait miroiter la satisfaction du besoin). Il en désigne un. On l'installe confortablement à une table et on lui permet d'en manger quelques bouchées (oh ! délice) et... on lui retire l'assiette (le manque). C'est fini ! Il en aura demain peut-être. S'il est bien sage.

Évidemment, le gamin interloqué et furieux s'accroche à cette histoire de gâteau (la dépendance). Qu'est-ce que ça veut dire ? Il veut comprendre. Il a peur : c'est du sadisme ! Il n'avait rien demandé. Il se souvient de toutes ces bonnes choses. Il en a l'eau à la bouche.

En amour, les mêmes méthodes engendrent les mêmes maux.

Face à tant d'émotions, nous croyons à l'amour quand il s'agit de déstabilisation, de peur, d'angoisse et de frustration.

Il arrive aussi que notre dépendance affective date de l'enfance quand nos parents, nous ayant très tôt privés d'affection, nous ont fait miroiter que nous serions aimés, peut-être à condition d'être drôles ou gentils ou bêtes pour que toute la famille se sente comparativement si exceptionnelle... Cette promesse d'amour a créé en nous un besoin fou d'être aimé sans condition, n'importe où, n'importe quand, par tout le monde. Pour qu'on nous aime un tout petit peu, nous serions capables de faire n'importe quoi...

Les éthologues, qui étudient le comportement animal pour comprendre celui de l'homme, expliquent que dès la naissance nous avons besoin d'être attachés à un autre être (en général à notre mère) non seulement pour survivre mais aussi pour nous sentir en sécurité, dignes de valeur, complets et heureux. Boris Cyrulnik parle de ces « cent jours » suivant la naissance et pendant lesquels la sensibilité des mères à leur bébé se démultiplie pour répondre au plus près à ses besoins.

Tout au long de notre vie, nous conservons ce besoin primaire d'attachement, c'est-à-dire d'être affectivement liés à d'autres êtres et d'occuper dans le cœur de l'un d'eux au moins, la « première place ». Si nos partenaires de vie sont affectueux et nos sentiments réciproques, autrement dit si nous sommes aimés de celui ou celle que nous aimons, ce besoin fondateur de l'être humain est satisfait. Et nous pouvons laisser émerger un grand nombre de nos besoins affectifs qui n'ont pas été comblés dans l'enfance.

En revanche, quand le premier attachement a manqué, nous souffrons d'une avidité d'amour telle que notre demande d'amour ressemble à celle du drogué. De l'affection, de la tendresse, de l'amour, de l'attention, de l'attachement… il nous en faut beaucoup, toujours plus, tout le temps et de n'importe qui… Nous nous jetons dans l'amour les yeux fermés, comme les plongeurs en apnée se jettent à la mer à corps perdu, sans sécurité ni gilet de sauvetage.

Cette faim insatiable ressemble à celle des affamés qui se ruent sur la nourriture dans le désordre et avalent n'importe quoi, en trop grandes quantités et en perdant de vue leurs autres besoins. Cette manière de se gaver d'amour et de la charger de peurs, de fantasmes, de manques, de jalousie, de fusion, de passion… permet de remplir ce vide intérieur, ce vide fondateur du manque affectif de l'enfance.

Nous recherchons une ivresse dans l'amour tandis que d'autres la cherchent dans l'alcool, la drogue ou le sexe. C'est une forme de dépendance. La dépendance étant, selon la définition qu'en donne Pia Mellody (*Vaincre la dépendance*), « un besoin irrépressible d'avoir une autre personne comme centre d'intérêt »…

Comprendre l'enfant qui est en nous…

Nous avons un métier, souvent des enfants, un certain âge ou un âge certain. Nous avons vécu des amours et des chagrins d'amour. Nous avons su prendre nos responsabilités, avoir du courage, des amis… Bref, nous sommes des personnes responsables et il faudrait accepter l'idée que ces « vieilles histoires » de loyauté envers nos parents, de rivalités entre frères et sœurs, de quota d'affection qui nous a été donné ou refusé…

nous « travaillent encore » ! À trente, quarante, soixante ans ! Elle est difficile à avaler cette idée qu'il existe en nous un enfant qui souffre, un enfant qui voudrait toujours que son Papa l'admire et que sa Maman le prenne dans ses bras... Nous n'en sommes plus là, n'est-ce pas ? Et pourtant si !

Freud faisait observer que « l'inconscient n'a pas d'âge ». Au sein de notre personnalité coexistent à la fois l'adulte raisonnable et l'enfant souffrant (mais aussi fantaisiste, rieur et plein de vie et de ressources) que nous sommes toujours.

Cet enfant souffrant explique nos revendications, nos colères, nos mauvais choix, nos peurs, notre avidité ou notre refus d'aimer.

Pour guérir de ces amours qui nous font mal, les psychothérapeutes (surtout les disciples de Jung) conseillent de renouer avec l'enfant qui est en soi, de chercher à le comprendre, à le plaindre et à le choyer. Car c'est lui qui fait des contorsions pour se faire aimer d'un cœur de pierre, lui qui accepte les humiliations comme un enfant soumis, lui qui reste dans un amour destructeur comme si on ne pouvait (et ne devait) aimer qu'un seul homme, qu'une seule femme dans une vie, de la même manière que nous n'avons qu'un seul Papa, qu'une seule Maman...

Dans son beau livre : *N'y a-t-il pas d'amour heureux ?* le psychothérapeute canadien Alain Corneau insiste : « Cet enfant, il faut s'en occuper. C'est à nous de le faire. En aucun cas, il ne faut demander à l'amour de s'en charger. L'amour est fait pour danser. Pas pour panser. Il faut parler à son enfant, le rassurer. Ses craintes sont d'un autre temps. C'est vous qui êtes son père ou sa mère, vous qui devez empêcher qu'il soit à nouveau blessé. Chaque fois que, dans votre vie, un incident réveille en vous la blessure de l'enfant, allez lui parler. Tranquillisez-le ! Et... Inspirez... L'enfant heureux, c'est aussi votre créativité, une énergie nouvelle à libérer. Chérissez-le ! »

CHAPITRE IV

Pourquoi on reste ?

Il faut du temps pour reconnaître que notre relation bat de l'aile ou que nous sommes maltraités. Il faut du temps aussi pour accepter l'idée que nous avons échoué. Du temps encore pour nous séparer et, a fortiori, quand nous continuons d'aimer…

Pourquoi restons-nous ? Mais parce que nous n'arrivons pas à partir. Parce que ne pouvons pas nous arracher à cette relation, à ce couple, à cet amour. Du moins pour l'instant. Acceptons-le sans critique, sans jugement, sans condamnation…

PAS LA FORCE DE PARTIR…

Par définition, une relation destructrice nous… détruit. Or, une rupture demande des forces. Elle suppose de créer encore des scènes et des conflits. De faire sa valise et de s'en aller où ? D'affronter le chagrin des enfants. Et les commentaires des amis, la réprobation de la famille. D'affronter des problèmes d'argent et de se retrouver seul pour surmonter le deuil de ce couple que nous n'avons pas réussi à tenir uni, de notre famille maintenant décomposée.

Pour rompre, il faut aussi avoir la force de ne pas écrire ou rappeler quand notre cœur, notre corps, notre main nous poussent à saisir la plume ou le combiné. Il faut trouver la force de ne pas écrire une lettre passionnée dans le sens de la haine ou de l'amour, afin de ne pas relancer la machine des disputes et des réconciliations. La force de ne pas répondre au téléphone. La force d'interdire à ses pensées, à ses rêves de revivre les moments exceptionnels. La force de ne pas retomber dans les bras qui nous font défaillir…

Et puis, il faut une sacrée dose de confiance en soi pour penser que l'avenir que nous allons construire sera meilleur que ce présent-là. Or, cette indispensable estime de soi est usée par des scènes de ménage où l'on s'est dit le pire. Après des années sans amour, on se sent incapable de plaire, de réussir, d'être aimé et même d'aimer. Certes, nous sommes loin de vivre une situation idéale mais après tout, méritons-nous autre chose et que pouvons-nous construire de meilleur ?

Pour avoir la force de partir, il faut se sentir galvanisé par un nouvel amour ou se trouver au fond du trou. Alors, partir devient un réflexe de survie, comme le presque noyé donnant un coup de pied au fond de la piscine. Or, généralement, nous nous situons entre les deux : maussades mais pas désespérés, déçus mais pas haineux, déprimés mais pas tout à fait dépressifs. En outre, plus nous sommes engagés dans la relation par les années, la vie commune, le mariage, les enfants, plus il est problématique de s'en extraire.

Un amour difficile ressemble à des sables mouvants. Plus on s'y enfonce, plus on a de mal à en sortir. Or, pendant les premiers temps de l'amour, nous nous sommes efforcés de ne pas voir, de ne pas savoir. Nous n'avons pas voulu « dramatiser » les « petits » conflits. Nous n'avons pas souhaité nous attarder sur les réflexions désagréables, sur l'incompatibilité d'humeur. C'est très progressivement que nous avons dessillé les yeux sur la vraie nature de Bernadette ou d'Arthur. Hélas, il était déjà presque trop tard. Nous avions déjà dit oui devant Monsieur le Maire, oui devant Monsieur le

Curé, devant nos amis, nos familles et nous avions déjà des enfants…

Il faut vraiment que la souffrance devienne intolérable pour avoir le courage de faire ses valises. Surtout quand la personne avec laquelle nous vivons dit encore nous aimer….

ILS NOUS RELANCENT…

Combien de fois avons-nous dit ou pensé : « C'est fini » ? Il aurait suffi à ce moment-là que l'homme ou la femme de notre non-vie conjugale réponde : « D'accord. Séparons-nous d'un commun accord comme le font tant et tant d'autres duos. Allons voir ailleurs si la conjugalité est plus belle. Au revoir ta compagnie. Quel soulagement, Chéri(e), de pouvoir se quitter sans faire de drames. Nous avons vécu de bons moments. Naturellement, nous resterons bons amis… »

Mais rien n'arrive aussi simplement.

Quand les forces cessent enfin de nous faire défaut, quand nous sommes enfin décidés et capables de rompre pour de bon et de ne jamais rappeler ou de faire nos valises, le téléphone se remet à sonner sous un prétexte ou sous un autre. Comme si de rien n'était. On nous parle de la pluie et du beau temps. On nous relance. Et comme nous n'avons pas encore fini d'aimer, cette voix à l'autre bout du fil recommence à nous chavirer le cœur. Lorsque nous entendons : « On se voit ? », on voudrait dire « plus jamais » et c'est « oui, tout de suite » qui sort de notre bouche étonnée et furieuse d'avoir encore une fois cédé à l'insupportable charme d'un timbre inoubliable.

Ou bien ce sont des cris et des larmes. Elle ou lui devant la porte d'entrée nous bloquant le passage : « Non, tu ne partiras pas ! » Ils ne peuvent pas vivre sans nous. Nous sommes absolument indispensables à leur bonheur et à leur équilibre. Allons-nous les laisser, les abandonner ? Alors que nous leur avons promis d'être là pour le meilleur et pour le pire, jusqu'au bout…

Même les bourreaux peuvent avoir l'accent de la sincérité. Menaces, déclarations d'amour passionnées, chantage au suicide… tous les moyens sont bons pour nous ramener à notre devoir et à nos pénates amoureux, familiaux, conjugaux. Éventuellement, nous prendrons ce cinéma pour de l'amour. D'ailleurs, il se peut que ce soit de l'amour…

Les premières fois que ces scènes se produiront, nous penserons qu'elles signent un nouveau départ et qu'à partir de maintenant, nous ayant vus si déterminés, quelque chose va changer…

La relation a des bas et… des hauts

Si encore elle était toute noire, nous serions partis depuis longtemps. Mais la relation a des bas et des… hauts. Entre les coups et les coups de gueule, surviennent des plages de rémission parfois délicieuses. On se réconcilie sur l'oreiller et l'orage s'éloigne, chacun mettant de l'eau dans son vin et ses griefs dans sa poche.

Élodie, par exemple, est une jeune femme de trente ans, attachée commerciale, entreprenante, sympa, jolie et… infantilisée par son mari de sept ans plus âgé qu'elle. Il se prend pour son père, son maître, son mentor, son directeur de conscience. Du haut de sa toute-puissance et de sa domination, il lui dit ce qu'il faut aimer, penser, lire et regarder le soir à la télévision et aussi comment faire le ménage, la cuisine et bouturer les plantes.

Elle étouffe, elle n'en peut plus. Quand elle « n'obéit pas » assez vite, assez bien, il la rabaisse violemment. Devant leurs amis, il lui arrive fréquemment de faire les gros yeux ou de lui signaler qu'elle dit des bêtises, « pauvre petite idiote ! »… Dans ce mariage, Élodie se sent coincée. Elle n'arrive pas à s'épanouir, à devenir elle-même et elle a de plus en plus de mal à faire l'amour avec Papa… à la papa. Par bien des aspects, ce harcèlement paternel est invivable.

Néanmoins, cet homme est le plus tendre du monde. Quand il ne la corrige pas, quand il ne la bouscule pas, il l'adore littéralement. Jamais il ne regarde une autre femme. Il n'aime qu'elle. Ne désire qu'elle. À chaque fois qu'elle est au bord de le quitter, il la rattrape par tant d'attentions qu'elle retrouve ses aises et son entrain. Alors, ils sont presque heureux ensemble. Jusqu'à la crise suivante…

D'autres exemples ? Stéphanie est une femme très agressive qui, à coup de phrases lapidaires et définitives, remet tout le monde à sa place. Hugues l'a rencontrée à l'université où ils préparaient ensemble une licence d'histoire de l'art. Il est un homme effacé et timide. Sa petite taille le complexe. Qu'une femme aussi affirmée que la sienne se soit intéressée à lui, lui est apparu comme une sorte de miracle auquel il s'est accroché.

Elle l'impressionne et l'agace à la fois. Ses mines de diva l'exaspèrent. Souvent, il a envie de la gifler ou de claquer la porte. Mais il n'en fait rien, naturellement. Ce n'est pas dans son caractère. Il préfère se réfugier dans la peinture, son art, sa passion, un rêve de grandeur. Car il ne renonce pas à devenir un jour un peintre reconnu.

Stéphanie se révèle donc invivable et souvent méchante, mais elle lui reconnaît du talent. Elle le pousse à continuer la peinture. Il sait qu'il peut compter sur elle pour le soutenir et l'encourager. De plus, quand ils écrivent ensemble leur thèse de troisième cycle sur le peintre Chardin, ils se comprennent au quart de tour chacun, sachant admirer les qualités intellectuelles et la pertinence des remarques de l'autre. Dans ces couples comme dans bien d'autres, le meilleur équilibre le pire. La relation et le quotidien ne s'avèrent intolérables que par crises.

Le malheur n'arrive pas tout de suite…

Pendant toute une période, les bons moments équilibrent les mauvais. On tient le coup grâce aux éclaircies qui ponctuent les orages. Il aurait fallu partir tout au début, mais le vrai malheur n'est pas arrivé tout de suite. L'aveuglement du tout nouveau tout beau a empêché de voir que quelque chose clochait sans doute dès le début de la relation. Après coup évidemment, des « détails » nous reviennent en mémoire. Cet homme éblouissant qui nous paraissait d'une culture et d'une intelligence exceptionnelles était aussi un fiancé glacial mais alors, nous avions toutes les indulgences. Nous prenions cette distance pour de la « réserve », cette froideur pour de la « pudeur », ce mépris pour du « génie »… Quand il nous a demandée en mariage, nous étions surtout flattée, honorée que ce grand homme nous ait choisie nous, parmi toute une cour de jolies femmes…

Un autre exemple : cette femme, quand nous l'avons rencontrée, était déjà très autoritaire. Elle ne supportait pas que nos avis divergent à propos d'une émission de télévision ou d'un sujet d'actualité et elle devenait verbalement très violente quand on la contrariait. Mais elle était si douce en faisant l'amour, et ses jambes si fascinantes… que nous avons oublié la sensation de malaise que provoquaient ses véhémences et son dédain. La souffrance est arrivée bien plus tard. Quand elle a refusé son lit…

Un autre exemple encore : dans les bras de ce garçon, nous nous sentions en sécurité. Il suffisait qu'il les passe autour de nos épaules pour que nous nous sentions protégée. Si quelqu'un nous cherchait des misères, il était le premier à donner le coup de poing pour nous défendre. Dans un quartier chaud et quand on n'a pas de grand frère, c'est ce qu'il faut. Le problème est qu'un jour il oublie que nous sommes « sa gosse » et lève la main sur nous aussi.

Blindés contre la douleur…

À force d'être malheureux, nous finissons par nous blinder et ne plus rien ressentir comme si nous vivions protégés par une armure d'insensibilité. On peut nous battre, nous insulter, nous maltraiter, nous sommes devenus sourds et aveugles. Irène par exemple habite au soleil dans un camping qu'elle gère et entretient avec son mari. Ou plutôt sans son mari, car il passe le plus clair de son temps la télécommande dans une main, une canette de bière dans l'autre.

Levée à l'aube, elle n'arrête pas du matin au soir, samedis et dimanches compris, à recevoir et renseigner les clients, à appeler les fournisseurs, à veiller à ce que rien ne manque et encore à nettoyer, payer les factures… Pourtant, ça ne va jamais. Selon un système de projection bien connu des psychologues, son mari lui prête les défauts qu'il se reproche. Il l'accuse d'être « paresseuse ». Elle a « oublié ceci », n'a « pas vu cela », elle a « encore fait ceci ! », elle n'a « toujours pas compris cela ».

Ces reproches, elle les entend depuis douze ans sans discontinuer, a fortiori lorsqu'il a bu quelques bières de trop. Alors, elle prend une gifle ou un coup qu'elle oublie dans le sommeil : elle est si fatiguée ! Puis elle repart travailler. À force, Irène s'est blindée. Comme un âne bâté, elle avance avec sa charge sur le dos, sans se poser de question, ni regarder en avant ou en arrière. Elle a des choses à faire. Elle les fait, un point c'est tout. À l'intérieur, elle semble morte. On ne peut plus dire qu'elle vit : elle fonctionne. La douleur ne la touche pas puisqu'elle n'existe pas. Il faudrait un coup de tonnerre pour la réveiller et lui faire prendre conscience que sa vie est injuste, insupportable. Périodiquement, quelqu'un lui fait subir cet électrochoc.

La dernière fois, c'était un client :

– Eh bien ! dites donc, il n'est pas aimable votre Monsieur. Si je parlais comme ça à ma femme, qu'est-ce que je prendrais, et elle aurait raison…

Les jours qui ont suivi, Irène a recommencé à voir et à entendre. Quel écœurement ! D'abord il a vieilli, son hidalgo. À force d'avaler sa bibine, il s'est avachi, il a pris du ventre. Il est moche, il est gras, ses yeux rougeoient : c'est une loque qui bafouille quand il boit, qui rit tout seul et débite des cochonneries quand il ne « cogne » pas. Irène est dégoûtée, surtout au lit. D'habitude elle attend que ça passe en regardant le plafond mais là, elle ne pourra plus. Et puis cette façon d'insulter tout le monde ! On était poli dans la famille d'Irène, jamais un gros mot : « Ça fait pleurer le Bon Dieu », disait sa mère. Aujourd'hui, c'est Irène qui pleure le Bon Dieu qui l'a abandonnée. Mais elle n'est pas du genre à s'apitoyer sur son sort.

Cette endurance est ce qu'il y a de plus frappant à l'écoute de « Violence conjugale-Femmes Infos Service ». Ces femmes sont battues, abusées, exploitées, violentées mais elles minimisent le drame : « *Peut-être que je me raconte des histoires. Je crois que je vis avec un pervers moral mais je culpabilise. Peut-être que je me fais des idées...* » Beaucoup téléphonent à la suite d'une émission de radio ou de télévision. Elles se sont reconnues, mais elles ne veulent pas avoir l'air de se plaindre. Elles n'ont pas eu l'habitude de « s'écouter »...

Vite, Irène se replonge dans ses comptes et décide que demain, elle nettoiera les douches de fond en comble. Elle ne l'a pas fait depuis au moins quinze jours. Et l'épicerie, il faudrait qu'elle fasse l'inventaire avant la pleine saison, sinon elle ne va plus savoir où ils en sont, etc., etc.

On veut assumer jusqu'au bout...

Irène est une femme responsable qui sait tenir ses promesses. Quand elle redevient lucide, elle pense que dans la vie tout se paie. Elle a fait une « erreur d'aiguillage ». Son mariage est sûrement un échec, mais ce n'est pas une raison pour quitter le navire. « *Quand on fonde une famille, quand on se marie, on assume et on va jusqu'au bout.* »

Une autre femme battue répondait à qui lui conseillait de quitter son bourreau, un fou qui menaçait de les tuer, elle et ses enfants :

– S'il avait un cancer, je resterais. Il est fou, je reste aussi !

De même, Patrick. Lui aussi tient ce genre de raisonnements. Il doit avoir une quarantaine d'années. Il y a quinze ans, il a épousé le grand amour de sa vie en pensant que cette femme – qu'il aimait depuis toujours et qui avait commencé par en épouser un autre – finirait par éprouver les mêmes sentiments que lui. Il croyait à l'amour contagieux.

Pourquoi s'est-elle remariée, et avec lui ? Parce qu'il était gentil, parce qu'elle était paumée, parce qu'elle venait d'être cruellement trahie par son premier époux... Elle savait qu'elle n'aimait pas ce « brave Patrick » mais aimer, merci bien ! elle avait assez donné. Ensemble ils ont fait deux enfants, en plus de celui qu'elle avait déjà. Ils sont devenus une famille. Et puis, ce qui devait arriver arriva : elle est de nouveau tombée passionnément amoureuse. Elle n'a pas voulu divorcer une seconde fois. Mais elle a voulu être honnête :

– J'ai rencontré quelqu'un d'autre !

Depuis, Patrick est le spectateur impuissant du désastre de son couple, de son grand amour et, de surcroît, des affres amoureuses que traverse la relation sentimentale de son épouse. Parfois, il la voit assise dans le canapé avec des larmes qui lui coulent le long des joues. S'aperçoit-elle qu'il est là ? Rien n'est moins sûr. Elle pense à l'autre et lui, le « brave Patrick », encaisse tout : d'être cocu, qu'elle lui refuse son lit, qu'elle ne lui adresse presque plus la parole, qu'elle ait les yeux dans le vague à longueur de repas, qu'elle regarde des films sans les voir, qu'elle lise des livres sans les lire, qu'elle prenne un mot pour un autre et soit devenue la femme au double prénom, qu'il faut appeler deux fois pour qu'elle entende :

– Mariette ! Mariette ?

Et pourquoi ce martyre ? Par amour. Certains jours, il

jure qu'il n'aime plus cette femme. Elle lui en a fait voir de toutes les couleurs. Qu'elle aille au diable serait pour lui un soulagement ! Alors, il se persuade qu'il reste avec elle par habitude et par devoir, et aussi parce que les enfants continuent à mener leur vie d'enfants à l'école, devant la télé et avec leur Game-boy, sans paraître s'apercevoir de la non-relation qui s'instaure entre leurs parents. D'autres fois, il a envie de défoncer la porte de sa chambre, de la déshabiller de force en la traitant de tous les noms puis de la violer en la giflant. À toute volée.

Mais Patrick reste le gentil Patrick. Il ne veut pas être celui par qui le scandale arrive. Divorcer ? Lui, l'instituteur du village, bon père, bon époux, bon paroissien ? De plus, ce serait le premier divorce de la famille. Parmi les siens, il y a eu des séparations de corps et des haines souterraines tenaces entre maris et femmes, mais de divorce, jamais !

Son père en ferait une crise cardiaque, lui qui vient de fêter ses noces d'or. Il supporterait très mal que son fils aîné, son seul fils « brise » (ce serait son terme) son couple et sa famille. Chez les Francœur, on a une mentalité de soldat. Une fois qu'on a décidé quelque chose, on s'y tient quoi qu'il en coûte. Enfin, Patrick a une certaine image de lui-même : celle d'un homme conciliant qui ne cause de problème à personne. Il est malheureux et alors ? Il y a pire : la guerre, la torture, les maladies… il lui suffit de lire le journal à la rubrique des faits divers pour constater que, finalement, il n'est pas tellement à plaindre…

Rêver de partir aide à tenir

Pourtant, certains jours, une goutte d'eau fait déborder le vase des émotions. Alors cette fois, c'est décidé : demain matin, quand Irène se réveillera, elle sera une femme libre. Elle aura bourré ses deux valises en carton, elle aura bien fait le ménage dans les coins, terminé la comptabilité du camping pour ne rien avoir à se reprocher. Elle ne laissera derrière elle aucune saleté, car elle est une femme propre. Puis elle tournera la clef dans la serrure, la glissera sous le paillasson, ira attendre le car comme dans les films américains que regardait sa mère autrefois et s'en ira pour toujours. Voilà pour la version rose de ses rêves...

Dans leur version noire, elle pense au suicide. Elle a tout envisagé : la corde au grenier. Il paraît que c'est rapide mais qu'on n'est pas beau à voir. La noyade ? Elle ne pourra jamais : elle se connaît, elle se débattra. Les tranquillisants comme Marilyn, c'est encore la meilleure solution et la plus simple, il suffit d'aller chez dix docteurs différents. À chacun on raconte qu'on se sent au bord de la crise de nerfs et qu'il nous faut des cachets pour passer le cap à cause de sa mère ou de sa sœur qui est morte dans un accident de voiture. Un soir, on avale les dix « ordonnances » en une seule fois et en prétextant un coup de pompe pour aller se coucher très tôt. De toute façon, la bière fait dormir aussi. Dans le lit, il ne se rendra compte de rien...

Un autre jour, le rêve prendra la forme d'un client de passage dans le camping, bien bronzé. Il est tout seul. Il n'a pas l'air d'attendre sa femme et ses enfants. Irène passe souvent devant sa tente pour demander si tout va bien, si « vous n'avez besoin de rien ? ». Il lui répond avec un sourire... ouah ! craquant. Sur sa plaque d'immatriculation, il est écrit 75. Ça l'embête un peu, Irène, elle préfère le grand air à Paris. Il doit être commerçant pour parler si facilement avec tout le monde. Elle se voit bien derrière un comptoir. Elle saurait bavarder avec les clients et faire les comptes. Il apprécierait, le Parisien. En quinze ans, ils monteraient une belle affaire tous les deux... Un bar-tabac, ce serait bien...

Le rêve aide à tenir, le soir, quand on s'endort en chien de fusil recroquevillée sur soi-même, tournée vers la lampe de chevet avec un homme qui ronfle à ses côtés parce qu'il a encore trop bu.

Et quand on a fini de rêver, on veut encore y croire. Irène n'en est plus à ce stade. Elle sait que son mari ne changera plus : il est paresseux par nature et alcoolique depuis qu'elle le connaît.

Mais Patrick, par exemple, continue de croire que sa femme peut encore l'aimer, lorsqu'elle aura fini de rêver d'un autre. Oh ! il sait bien que ses chances sont infimes, mais en vieillissant, qui sait si elle n'appréciera pas qu'il soit toujours là, à l'aimer malgré ses cheveux blancs, ses rides et sa peau fripée...

Et la jeune Sophie ? Elle est si crédule qu'on voudrait lui injecter des doses d'expérience dans les veines ou lui mettre un peu de plomb dans la cervelle. C'est un ange. Elle est jolie comme un cœur. Vingt-sept ans et empêtrée dans une galère amoureuse, dont on croyait le temps révolu. Son histoire d'amour ressemble à celle d'un autre siècle, du temps de *Back Street*, l'édifiant roman de Fanny Hurst, dissuadant toutes les Madame deux... de le rester.

On veut encore y croire...

Comme des milliers de filles, elle rêvait de devenir mannequin ou comédienne. Elle en avait les mensurations et la frimousse, aussi a-t-elle été prise à la fois dans une « école » de mannequins et dans un stage de théâtre qu'elle a financé en étant monitrice de colonie pendant les vacances. Bien sûr, elle a toujours eu une cour de petits copains autour d'elle, mais elle préférait les « hommes mûrs » qui prenaient avec elle des airs « protecteurs ».

Sacha est tombé à pic. Quarante ans, les tempes grisonnantes, des airs de penseur... ce coureur de jupons, coursé par une épouse jalouse, adore « serrer les minettes » (c'est son expression) dans les couloirs, les loges et les ascenseurs. Les loges parce qu'il dirige le cours d'art dramatique de Sophie. Il est la coqueluche des demoiselles, celui devant qui toutes les filles bavent d'admiration et au sujet duquel elles chuchotent dans le square d'en face, en faisant dorer leurs épaules nues et en grignotant leur salade arrosée de vinaigrette allégée.

Sacha a promis un rôle à la petite Sophie, dans la pièce qu'il était en train d'écrire. Elle commence à se croire du talent, puis à se sentir « vraiment femme » quand il la « serre » dans son bureau.

Coucherie faite, il décide « qu'elle n'est pas mûre pour le rôle » et le confie à une autre jeune première. Mais il continue de voir Sophie qui laisse traîner sur le lit de sa chambre des soutiens-gorge et des petites culottes « pour lui donner des idées ». Ces pauvres ruses, son joli corps, doublés de sa passion pour le beau Sacha, réussissent à fidéliser l'infidèle. Dans l'ombre, elle devient la maîtresse attitrée, dévouée, patiente, sans aucune exigence.

Elle commence par déménager pour se rapprocher du théâtre. La petite chambre se change en repos du guerrier. Le grand homme vient « s'y ressourcer » quand ça lui chante. Beaucoup au début, moins ensuite. Loin de s'en offusquer, l'adorable Sophie lui pardonne d'avoir « autre chose à faire que de s'intéresser à sa petite personne » qui, d'ailleurs, n'est même plus son élève, « pour ne pas attirer l'attention » dit-il…

Seule la mère de la jeune fille se fait du souci. Elle s'inquiète de lui voir si mauvaise mine. Et de constater qu'à vingt-sept ans, Sophie n'a toujours ni rôle ni travail suivi. Que fait-elle de ses journées, de sa vie ? Ses parents menacent de ne pas payer le loyer *ad vitam*. Il va bien falloir qu'elle apprenne à se débrouiller toute seule.

Sophie répond qu'elle travaille le mercredi dans un centre de loisirs, qu'il est très difficile de devenir comédienne. Ainsi, elle fait taire les reproches…

Comment pourrait-elle avouer qu'elle passe le plus clair de ses journées à s'épiler, se coiffer, se ruer sur son répondeur quand elle s'est absentée trois minutes, à regarder par la fenêtre pour entrapercevoir son maître (au cas où il passerait dans la rue), à manger très peu (pas faim) mais à se nourrir de levure de bière (qui la fait gonfler et lui donne une bouille toute ronde) pour compenser la perte en vitamines, à lire et apprendre par cœur les pièces de Sacha. Et à rêver qu'un jour, elle sera suffisamment à la hauteur pour décrocher un rôle. Alors il dira toute la vérité à sa femme… « qu'il n'aime plus et ne touche plus depuis longtemps ». Dans un moment d'abandon, ne lui a-t-il pas dit qu'il voulait un bébé ? Sophie a imaginé qu'elle lui donnait une petite fille, lui qui avait deux garçons…

Sacha se coule depuis cinq ans dans les bras de sa jeune maîtresse, lui disant tout et n'importe quoi sans penser à mal, par légèreté, négligence, égoïsme. Un jour, l'épouse trompée sonne. Sophie ouvre et reçoit une gifle qui aurait dû la réveiller. Elle apprend toute la vérité. Son amour, son maître n'est qu'un coureur de jupons. Si elle croit être la seule, elle se fourre le doigt dans l'œil. Le fameux rôle ? Il l'a confié à une autre jeune première et bien plus douée pour pouvoir la « serrer » en toute impunité. Les épousailles ? Allons donc, il ne quittera jamais sa femme :

– C'est moi qui ai l'argent !

– Mais l'amour ?

Oh ! bien sûr qu'il l'aime. Elle et toutes les autres…

Sophie s'écroule sur son lit. Tout ce en quoi elle croyait est devenu « vraiment dégueulasse ». Mais déjà, elle pense que Sacha n'a pas pu lui mentir tout à fait. Elle le revoit lui disant « je t'aime », lui faisant l'amour si doucement, si profondément. Elle le réentend dans ses moments d'abandon : « Oh, un bébé de toi ! »

Comment a-t-elle été assez déloyale pour douter de lui ? Et tout cela parce qu'une femme jalouse est venue lui cracher au visage ! Elle a honte, Sophie. Honte d'elle-même, honte d'avoir douté. Ce soir, si Sacha vient, elle lui demandera pardon. Et le pauvre chéri, comme elle le plaint de vivre avec un dragon…

Difficile de s'avouer que l'on s'est trompé...

Imaginons qu'un jour Sophie ouvre les yeux et réalise à quel point elle a été abusée, utilisée. À quel point on lui a menti... Il faut un courage immense pour s'avouer que l'on s'est trompé et que l'on a été trompé. Pour oser se dire que cet amour auquel on croyait si fort n'était qu'un leurre dans lequel nous avons englouti notre jeunesse. Souvent, la « révélation » est si douloureuse que nous préférons continuer de croire au Père Noël ou, ce qui revient au même, au Prince Charmant. Ce mécanisme est d'ailleurs beaucoup plus inconscient que volontaire. En psychologie, il s'appelle le « déni » et consiste, vulgairement parlant, à ne pas voir ou vouloir savoir ce qui crève les yeux.

C'est ainsi que des femmes et des maris trompés sont restés toute leur vie les dindons d'une farce, dans laquelle ils ignoraient tenir la chandelle. Tant mieux pour eux. Hélas, si vous lisez ce livre, sans doute est-ce que la lucidité vous gagne et avec elle, la souffrance : « *On ne veut pas croire que tout a foiré* », dit Bernard, quarante-sept ans, un excellent psychothérapeute qui n'arrive pas à se conseiller lui-même sur sa vie privée : il en est à son troisième mariage. « *À chaque fois, je mets du temps à admettre que c'est fini. Je pense toujours que mes femmes "reviendront à la raison". J'ai rafistolé tant de couples en détresse que je ne veux pas croire que ma vie de famille soit foutue...* »

Bernard a raison d'évoquer la famille. Elle explique aussi que nous restions trop longtemps dans une relation nocive pour nous. Sans les enfants, nous partirions plus facilement, mais nous pouvons nous sentir extrêmement tendus à deux et plutôt heureux à quatre (à deux signifiant en couple et à quatre en famille).

« *Mes problèmes de couple ont duré les cinq dernières années de notre vie commune* », explique Claire, trente-deux ans. « *Ils étaient dus à l'alcoolisme de mon mari qui ne voulait pas se faire aider et qui refusait mes initiatives. Pourtant, c'était un père très proche de ses enfants. Je ne me sentais pas le cœur de séparer tout le monde. Nous vivions de très bons moments tous les quatre. Évidemment, il lui arrivait de m'agresser verbalement et de faire une scène pour un torchon chiffonné. Mais je faisais la sourde oreille, je prenais sur moi, je donnais le change pour ne pas électriser encore un peu plus l'atmosphère. Je voulais à tout prix y croire et préserver les enfants...* »

Car cet homme qui, parfois, ne nous parle plus, ne nous sourit plus, nous frappe de temps à autre, fait chambre à part... peut rester un père formidable pour ses enfants. Dans ces conditions, avons-nous le droit, au regard de notre propre souffrance, de priver nos enfants de leur papa ?

De plus, lors d'un divorce, ce n'est pas seulement un couple qui se délite, mais aussi une famille et tout un réseau social de copains, de voisins avec lesquels nous avons plus ou moins sympathisé. Pourquoi restons-nous ? Mais parce qu'il faut être sacrément sûr de soi pour penser que nous reconstruirons seuls cette vie sociale ailleurs et d'un claquement de doigts. Ou alors, il faut que nous soyons dopés par un nouvel amour...

Chapitre V

Souffrir jusqu'où ?

L'enfant qui est en nous va chercher, en amour, une situation déjà vécue pour parvenir cette fois à s'en rendre maître. S'il a été battu, il va chercher les coups non pas par masochisme – il déteste souffrir –, mais pour réussir enfin à contrôler la main qui s'abat et l'empêcher de nuire. Il va chercher la maladie alcoolique, non pas pour le plaisir d'entendre comme autrefois ses délires avinés, mais pour la dominer et guérir cette fois le conjoint qui en souffre. Il va chercher l'indifférence, non pas pour savourer la joie d'être ignoré, mais pour forcer le cœur, les sentiments de celui qui s'acharne à ne rien lui donner…

Ces paris débouchent parfois sur de très belles histoires d'amour. Celui qui paraissait violent est doux comme un agneau. Celle qui buvait (parce qu'elle crevait de solitude) n'a plus besoin de boire dès qu'elle se sent aimée. Quant à l'indifférence, c'était une façade. Dans les bras d'une femme attendrie, le cœur dégelé du « dur de dur » fond comme neige au soleil…

Souffrir à en mourir…

D'autres fois, hélas, le pari est perdu d'avance. Nous n'arrivons à rien. Alors, notre insuccès réveille les douleurs de l'enfance. Elle met nos plaies à vif. Il faudrait s'enfuir mais l'enfant s'entête. Il refuse de s'avouer vaincu. Il essaie, il espère : « Quelque chose va changer. » Il ne peut pas croire qu'il n'y ait pas d'amour quelque part. Ou que son amour ne fasse pas de miracles.

Mais il est une autre raison pour laquelle nous acceptons de souffrir trop loin, trop longtemps, c'est la fatigue, l'usure, la dépression. Car les dégâts de la violence conjugale sont considérables. Un récent rapport du professeur Roger Henrion sur « les conséquences majeures de la violence vécue dans l'intimité du couple sur la santé des femmes et des enfants » montre que les victimes ont une santé plus fragile et une espérance de vie plus courte que les autres. Plus souvent, elles souffrent d'affections, d'hospitalisations et d'une consommation « chronique et abusive » de médicaments psychotropes, d'alcool, de drogues.

Jusqu'où sommes-nous capables de souffrir ? Le professeur Henrion répond par un descriptif effrayant des tortures subies : hématomes, plaies, brûlures, morsures, marques de strangulation et fractures étant les plus courantes. Les coups sont portés à mains nues au visage, au cou et aux extrémités. Mais 44 % des victimes consultant une unité médico-judiciaire ont des lésions sur l'ensemble du corps…

De plus, « les violences physiques ne sont jamais isolées, constate le Dr Henrion. Elles sont accompagnées d'injures, de menaces qui précèdent fréquemment un viol ». Les conséquences psychologiques ? La moitié des victimes souffrent de dépression… Sans compter les conséquences sur les enfants.

Néanmoins, certaines femmes arrivent à l'hôpital avec un bras cassé, le visage défoncé, des brûlures de cigarettes sur les jambes, la rate éclatée par des coups de pied dans le ventre et elles parlent de rentrer à la maison… « s'occuper du ménage ». Il faut leur dire qu'elles sont en danger de mort pour qu'elles réalisent la gravité de ce qui leur arrive.

J'ai connu une femme catholique, qui n'avait plus le droit d'aller à la messe. Une femme liante, qui n'avait plus le droit de parler à ses amis. Une femme qui aimait le théâtre et qui n'avait plus le droit de jouer la comédie. De plus, son mari la battait. Il la poursuivait avec un couteau en hurlant : « Je te hais ! » Au début, Agnès (c'était son nom) s'est révoltée, mais les coups ont redoublé. Puis elle s'est mise à pleurer silencieusement en espérant l'intervention de la police. Souvent, celle-ci intervenait puis… repartait. Sans suite.

Au fil des ans, Agnès a continué d'être battue mais ses larmes ont séché. Sa voix est devenue presque inaudible. D'ailleurs, son époux détestait son accent alsacien. Il l'appelait « Agueness » pour s'en moquer. Elle passait son temps recroquevillée sur une petite chaise dans un coin du salon, tandis qu'il écoutait la T.S.F. (c'était dans les années 60).

Bientôt, Agnès fut atteinte d'une paralysie faciale. Un œil seulement se remit à pleurer. Tantôt elle pensait à essuyer sa larme. Tantôt pas. Son fils, battu lui aussi, s'est donné la mort. Un jour, le mari d'Agnès s'est écroulé en rentrant du travail. Infarctus. Décédé.

Peut-être Agnès a-t-elle hésité entre vivre et mourir ? Elle a choisi la fuite. Le soir même, elle était internée dans un hôpital psychiatrique qu'elle n'a plus jamais quitté. Elle s'est éteinte vingt ans plus tard, sans jamais avoir cessé de hurler à la mort comme un chien sur la tombe de son maître…

Souffrir jusqu'où ?

Un problème de société

En amour, c'est à peu près comme dans les services des grands brûlés. Les brûlures du second sont plus douloureuses que celles du troisième degré. Autrement dit, plus elles sont graves et profondes, moins on les sent. De même, paradoxalement, la souffrance amoureuse régresse à mesure qu'elle grandit. Il arrive un moment où on ne ressent plus la douleur, comme si toutes les terminaisons nerveuses étaient coupées.

On devient blindé, insensible. On sort de son corps, de sa tête. À force, Agnès ne ressentait plus rien. Ainsi, certaines victimes de pervers ne relèvent plus les humiliations. Elles se coupent du monde et des autres. Elles semblent cesser de vivre. Comme Agnès, elles continuent d'avancer, de « faire ce qu'il faut » comme des automates…

Les victimes ne peuvent rien pour elles-mêmes, du moins sans notre aide. C'est à nous, la société, de les défendre et de les protéger. Il faut que le sexisme, comme le racisme, deviennent intolérables et soient sévèrement sanctionnés. Il faut que les agresseurs soient sommés de quitter le domicile conjugal et non l'inverse. Il faut que la justice se donne les moyens d'appliquer les peines, que des crédits soient dégagés pour que les « cogneurs » puissent participer à des groupes de paroles et se soigner sans abandonner, faute d'argent. Il faut enfin que chacun d'entre nous prenne conscience que chaque victime est une sœur accablée, honteuse, perdue et… anesthésiée.

Souffrir jusqu'à quand ?

Nous n'avançons pas. Nous allons d'échec en échec, de relation douloureuse en relation ratée… Nous avons beau dire que c'est la faute à « pas de chance », nous n'y croyons qu'à moitié. Se peut-il qu'un jour nous réussissions à aimer un homme ou une femme qui le mérite ? Faut-il persister, comme Ferdinand, à chercher encore et encore l'âme sœur, jusqu'à trouver enfin sa Jennifer ? Ou bien sommes-nous destinés par notre enfance à nous engouffrer systématiquement dans des impasses ?

Nous l'avons vu, les explorations naturelles sont obligatoires. Nous demandons tant à l'amour qu'il faudra du temps pour trouver la personne qui nous conviendra, qui sera libre, pour laquelle ce sera aussi le moment d'aimer et qui voudra bien nous aimer, nous.

Ces explorations supposent que nous prenions le risque d'être malheureux pour trouver le bonheur. Cependant, quand nous arrivons à trente, quarante, cinquante ans… sans avoir jamais rencontré un amour possible, sans doute est-ce que nous avons besoin de l'éclairage d'un psychothérapeute. Il nous aidera à comprendre pourquoi nous sommes indisponibles à l'amour ou seulement intéressés par des amours impossibles.

Et pour souffrir moins ?

Et puis, il existe des souffrances d'amour qui demandent du temps pour guérir, à l'image d'une blessure ou d'un deuil. L'homme ou la femme que nous aimions nous avait tout promis : la passion, les toujours, le renouveau, un mode de vie, l'accomplissement personnel et… les promesses se sont perdues en cours de route. Quand nous leur parlons de « chagrin d'amour », certains sourient : « Un de perdu… » Mais savent-ils bien quelle déchirure provoque un abandon ?

Toute notre vie avait été revisitée par l'amour. Nous étions réconciliés avec notre passé et capables de tout pardonner à nos parents et de les aimer encore plus fort. Nous avions hâte de vivre un futur constellé de projets. Un futur dans lequel nous allions pouvoir réaliser nos rêves de travail, de bébés, de copains et… d'amour. Quant au présent, il semblait dilaté. Nous nous sentions enfin pleinement vivants grâce à l'impatience des retrouvailles, à la sensation d'être pleins d'un autre être, de le porter jour et nuit dans notre cœur, d'avoir hâte de l'entendre, de l'étreindre et de mêler notre corps au sien. L'amour… ce sont aussi des odeurs, des couleurs, des sensations, une attention qui se démultiplient. Tout est beau, tout est frappant. Plus rien ne fait peur. Il s'agit d'une expérience presque mystique qui sacralise les êtres, l'air, les arbres et jusqu'à soi-même…

Et puis le bonheur, l'espérance, les sensations, les couleurs se retirent brutalement. Plus rien de ce que nous avions rêvé et pensé n'arrivera. C'est plus qu'une déchirure : une amputation, une perte de sens, une petite mort. Il n'y a rien à dire de plus. Pas de recettes, pas de conseils, pas de soins possibles. Chacun se débrouille comme il peut avec sa douleur. Nous cherchons quelque position antalgique de l'âme pour souffrir moins ou… plus, selon les moments. Seul le temps guérit, dit-on. Trois ans, précise-t-on. Peut-être…

Certains s'enivrent, d'autres se terrent. Certains s'éloignent, d'autres espionnent. Certains haïssent, d'autres adorent encore. « Mais il ne suffit pas de haïr, encore faut-il ne plus aimer » écrivait Françoise Chandernagor. Il faut du temps, des larmes, de la souffrance pour oublier et reconstruire sans elle, sans lui.

La seule chose que l'on puisse nous souhaiter – et nous conseiller – est de ne pas ajouter du malheur au malheur en nous accablant de n'avoir pas su ou de n'avoir pas pu… Chaque histoire d'amour nous fabrique pour le meilleur et cette fois pour le pire. Mais nous prépare aussi à la suivante qui, forcément (puisque nous souffrons tant), sera plus belle et bénéfique que celle-ci.

Deuxième partie

CEUX QUI NE SAVENT PAS AIMER

Il existe des souffrances en amour qui ne sont pas « ordinaires ». D'habitude, quand nous souffrons d'aimer, nous sommes amoureux d'un homme ou d'une femme qui n'éprouve pas la réciproque. Ou alors il ou elle, nous a aimé. Avant. Et maintenant, c'est fini. Les deux sont affreusement douloureux, mais au moins la relation et les sentiments sont clairs. Nous savons à quoi nous en tenir. Nous allons pouvoir guérir, « faire notre deuil » disent les psys. Et quand cette blessure sera cicatrisée, nous pourrons vivre un nouvel amour.

Mais quand nous rencontrons des hommes et des femmes « qui ne savent pas aimer », la souffrance est d'une tout autre nature. Rien à voir avec le chagrin de la perte d'un amour, qui aurait pu être si beau ou qui l'a été. Cette fois-ci, nous sommes bousillés, complètement détruits et sans savoir ni comment, ni pourquoi. Notre souffrance n'est pas ordinaire, parce qu'elle vient d'une relation malsaine avec des gens qui ne vont pas bien.

Leur mal-être nous a touché et c'est pourquoi nous avons tant de mal à les quitter.

Mais nous restons aussi parce que nous n'arrivons pas à comprendre. La situation a quelque chose de « dingue ». Rien n'est logique : nous sommes Dieu un jour, Diable le lendemain, adorés puis maltraités, suppliés et rejetés…

Cette deuxième partie n'est pas écrite pour le plaisir de dresser une sorte de « catalogue des salauds » , mais pour nous aider à repérer ce qui, dans leur comportement amoureux, est bizarre, morbide et finalement, destructeur pour nous.

Chapitre VI

Ceux qui ont peur d'aimer…

Si encore ils étaient odieux, froids ou distants, égoïstes, incapables de partager… Mais c'est tout le contraire : ni malaise, ni tension due à une hostilité contenue. Ils sont charmants. Elles sont amoureuses : les débuts sont idylliques et… rapides. Tout commence par une conquête à la hussarde, des déclarations enflammées, une montée au pinacle de notre obscure petite personne. Ils s'emballent avec un enthousiasme que les sceptiques jugeraient « trop beau pour être vrai », mais que les romantiques appellent « coup de foudre ».

Des débuts prometteurs

Pour nous conquérir en effet, ils sont capables de tout. Dans un stade de foot plein à craquer et filmé à la télévision un soir de Coupe du monde, ils écrivent sur une banderole diffusée dans le monde entier : « Christine, je t'aime ! » Ils nous font envoyer des dizaines de roses. Ils se répandent en cadeaux et petites attentions (ce ne sont pas eux qui oublieraient un anniversaire, une fête, un coup de fil après un rendez-vous important…). Ils se ruinent pour nous emmener en week-end. Si elles sont des femmes, elles retiennent notre pointure de chaussures et notre tour de col afin de trouver les mules en chevreau qui remplaceront avantageusement nos vieux chaussons. Et dégotent la chemise d'une improbable couleur « azur » assortie au bleu de nos yeux.

Arthur incarne à merveille ces conquérants hardis et démonstratifs. L'une de ses conquêtes, une très jolie fille, raconte l'avoir rencontré pendant des années chez le boulanger de son quartier. À chaque fois, ils s'attardaient à prendre des nouvelles des enfants, des voisins… Mais un jour, il déverse tous les sentiments jusqu'ici contenus :

– Bénédicte, vous êtes la plus belle femme que j'aie jamais vue. Je vous aime depuis le premier jour et ça ne passera pas. Voulez-vous m'épouser ?
– Mais… vous êtes marié et moi aussi.
– Nous divorcerons…
– Tout de suite ?
– J'attendrai…

La jeune femme n'avait pas su quoi faire de « ce déballage d'amour ». Elle avait été extrêmement troublée (l'homme était séduisant). Elle n'en avait pas dormi pendant plusieurs nuits. Puis elle avait décidé de prendre cet Arthur pour un hurluberlu. En fait, mariée depuis quatorze ans, son couple était suffisamment solide pour résister à des assauts extérieurs. Mais Bénédicte reconnaît qu'à un autre moment de sa vie, elle aurait pu flancher pour « ce type adorable qui paraissait sincère ».

Car ils sont sincères, les hommes et les femmes qui ont peur d'aimer. Ce ne sont pas des don juans ou des séductrices jouant la sérénade pour nous faire tomber dans l'escarcelle de leurs conquêtes. Ils ne cherchent ni la quantité, ni la performance. Ils ne séduisent pas non plus pour regonfler un ego défaillant, avide de se voir beau dans le regard d'un maximum de belles. Non, ils aiment vraiment et lorsqu'ils parlent de fiançailles, de mariage, de famille, de bébés, de projets… c'est avec la conviction de vouloir construire une relation stable et définitive.

Or, c'est justement cette sincérité qui les rend si dangereux car ils finissent par se convaincre – et nous convaincre aussi – que nous sommes faits l'un pour l'autre, que nous sommes l'homme ou la femme de leur vie. Et pourquoi nous méfierions-nous lorsqu'ils parlent d'un « nous » conjugué au futur ? Ils insistent tant pour être présentés aux amis, à la famille, pour se fiancer et plus tard se marier, ou pour vivre ensemble « le plus tôt possible ». Voilà, c'est fait ! Nous sommes à notre tour conquis. Nous allons pouvoir commencer à construire du solide. Nous entrons dans leur jeu avec abandon et confiance dans l'amour et l'avenir. C'est alors que…

Deux pas en avant, trois pas en arrière…

Oh ! ce n'est presque rien : juste un peu moins d'enthousiasme, un peu moins d'attentions, « trop de boulot tu comprends », un anniversaire fêté le lendemain du jour dit. Le ton a baissé d'un cran. Les conversations ne sont plus les mêmes. On nous parle désormais de la pluie et du beau temps, des dernières nouvelles d'Alsace ou d'ailleurs, comme si l'on fuyait ces discussions intimes qui faisaient le régal des premières rencontres. Notre amour ne veut plus nous connaître ni se faire mieux connaître. Que se passe-t-il ?

C'est comme une angoisse qui monte, qui monte… et vient bloquer l'échange.

Puis, sans calcul ni préméditation, survient une série de contretemps. Quand il s'agit d'être présenté à la famille, par exemple. Un embouteillage, un accident sur l'autoroute, un problème de dernière minute au travail, les empêchent d'honorer le rendez-vous, qu'ils peuvent avoir eux-mêmes fixé. S'il a été question d'emménager ensemble, ils mettront des mois à boucler leurs valises, à résilier leur bail, à faire leur changement d'adresse… Pour le mariage, il leur manque des papiers et le jour même de la cérémonie, il est arrivé que le ou la marié(e) se défile purement et simplement.

Pour reculer devant cet engagement qui les affole, il existe d'autres méthodes moins radicales mais tout aussi efficaces. Au moment de joindre les actes à la parole, quelque chose se met à clocher en nous ou dans la relation. Finalement, ils estiment que tous ces projets que nous avons faits ensemble (et sur leur initiative faut-il le rappeler ?) ne leur apporteraient rien de bon. Nous qui étions l'homme ou la femme de leurs rêves, tombons du piédestal sur lequel ils nous avaient hissé : nous ne sommes plus tout à fait à la hauteur.

Tous ces petits travers qui faisaient notre charme et notre originalité se changent à leurs yeux en épouvantables défauts. Nous n'avons aucun goût. Nous ne savons pas planter un clou. Nous ne sommes pas assez cultivés. Nous ne gagnons pas assez d'argent. Nous sommes un peu jeunes, un peu vieux, un peu minces, un peu gros… Nous aimons la mer, ils préfèrent la montagne. Nous apprécions l'opéra, ils chantent une opérette :

– Tu vois bien qu'on ne peut pas s'entendre !

Ils peuvent aussi saboter les moments d'intimité et demander devant un soleil couchant au bord de la mer :

– Au fait, tu as envoyé ta lettre au fisc ?

Ou encore, au moment d'aller au lit, venir nous respirer le cou en fronçant les sourcils :

– Tu n'aurais pas changé de parfum ?

Il se peut aussi que les relations sexuelles s'espacent désespérément : mal à la tête, fatigué, trop de travail… Tous les prétextes sont bons pour fuir le tête-à-tête comme le corps à corps. Que pensons-nous alors ? Forcément que nous avons failli. Quand, devant un romantique coucher de soleil, il nous parle d'impôts, nous nous posons des questions : aurions-nous dû faire ceci ou dire cela ? Quand nous l'invitons pour un dîner aux chandelles et qu'au dernier moment il nous téléphone pour nous dire qu'il est retardé au bureau, la première fois nous comprenons. La seconde, nous nous étonnons. La troisième, nous pensons avoir commis une erreur qui expliquerait ces dérobades en cascade. Et quand on ne nous rappelle pas après une nuit d'amour, nous supposons avoir été un amant ou une maîtresse... lamentable. Du moins si nous manquons cruellement de confiance en nous-mêmes. Mais quoi qu'il en soit, nous finirons par douter soit de nous, soit d'eux ou plus probablement de nous deux...

Impossible de savoir à quoi s'en tenir...

Car ils (ou elles) semblent vouloir reprendre au plus vite leurs distances comme s'ils jouaient leur vie. Mais dans le même temps, ils ne veulent pas nous perdre. Si bien qu'ils nous laissent en suspens, dans un « entre-deux » qui rend fou. Qu'ils rompent une bonne fois pour toutes et nous saurons au moins à quoi nous en tenir. Nous pourrons enfin reconstruire sur d'autres bases et sans compter sur eux. Mais non, leur valse-hésitation nous maintient dans une expectative usante.

Annie est dans ce cas et pourtant, elle estime avoir l'âge de « bâtir quelque chose de solide » : elle a... soixante-quatre ans. Divorcée, elle entretient depuis vingt ans une liaison avec le même homme, un homme dont elle ne sait quasiment rien.

Il a été marié, mais elle ignore s'il est encore avec sa femme. Il n'a daigné rencontrer sa meilleure amie qu'une seule fois et entre deux portes. Quand Annie, n'en pouvant plus de cette situation ambiguë, lui pose des ultimatums, il promet de vivre avec elle, mais trouve toujours un prétexte pour se défiler : sa fille accouche, son gendre a des problèmes financiers. Rien à voir avec leur vie sentimentale, bien sûr. Annie se demande même si ses enfants ne sont pas « virtuels », c'est-à-dire inventés pour justifier ses fuites...

Parmi ces hommes et ces femmes qui ont peur d'aimer, certains arrivent à mener une vie de couple, mais à condition de nous mettre sans cesse à distance et par toutes sortes de procédés plus ou moins appréciés. Certains cloisonnent leur vie de manière à rendre leurs deux mondes, affectif et professionnel, absolument étanches. Nous ne saurons rien de leur travail ou de leurs copines… D'autres mentent pour des bêtises. Comme des enfants, ils prétendent qu'ils sont chez le boucher quand ils vont chez le charcutier pour se donner l'illusion d'être libres. Ou bien ils prennent des mines de conspirateurs pour ne pas « avouer » qu'ils ont un rendez-vous follement personnel avec leur agent d'assurances.

Si nous osons leur poser des questions, ils nous prennent pour « Big Brother » :

– Tu me surveilles ?

D'autres, encore plus roués, acceptent l'engagement, l'amour, l'intimité mais menant secrètement une double vie. Peu de couples sont apparemment aussi unis et harmonieux que celui de Juliette et Thibault. Ils se sont connus lorsqu'ils étaient étudiants, dans un avion en partance pour Louxor. Une discussion s'engage et ils se trouvent quantité de points communs : leur passion pour l'Égypte ancienne, ils ont habité le même quartier, ils font tous les deux des études scientifiques, elle connaît bien la plage de Saint-Brieuc où il passe tous ses étés…

Ils se marient, ont trois enfants. Sexuellement, ils s'entendent parfaitement. Ils ont aussi les mêmes rythmes de sommeil : coucher 23 heures, debout 5 heures. Ils ont à peu près envie au même moment de lire, de ne rien faire ou de regarder une émission distrayante à la télévision. Enfin, ils restent des heures et des heures à parler de tout et de rien. Ils adorent vivre ensemble et, pour leurs grands enfants comme pour leurs amis, ils sont devenus un couple de référence.

Mais la vie de Juliette ne s'arrête pas là. Secrètement et en parallèle de son couple, elle n'a cessé de vivre, et depuis trente ans, des histoires passionnées qui étaient tantôt d'amour, tantôt d'amitié, comme si elle avait besoin d'un jardin secret, d'un ailleurs dans lequel personne n'irait voir, d'une soupape pour échapper au lien si fort qui l'unit à son mari. Certains pourraient l'interpréter comme une « trahison ». Il s'agit plutôt d'une fuite, de l'impérieuse nécessité, pour elle, de se convaincre qu'elle dispose d'une porte de sortie et que son Thibault (qui représente presque tout pour elle) n'est pas toute sa vie… Son mariage l'oppresse autant qu'il la comble.

On n'ose penser aux tourments de Thibault s'il découvrait que sa femme, sa sœur, son épouse si aimante et attentive, le trompe depuis toujours… Il se prendrait à tort pour un mauvais mari, un mauvais amant. Il penserait, encore à tort, que Juliette ne l'a jamais aimé. De plus, il se jugerait comme un imbécile de n'avoir rien vu. À moins que, beaucoup plus sûr de lui, il ne la mette à la porte. Ce serait un désastre : ils s'entendent si bien ! Compliqué ? Oui, mais nous sommes compliqués et les relations de deux âmes humaines compliquées le sont doublement…

Ce n'est pas fini. D'autres personnes encore s'évadent du lien amoureux en se réfugiant dans le travail, l'ordinateur ou la télé qu'ils regardent jusqu'à l'abrutissement, ou dans les relations avec les copains (et maintenant les copines), dans une pratique intensive du jogging, du bénévolat ou du bricolage… Quoi qu'il en soit, tous souffrent du même mal : la peur d'aimer.

Des claustrophobes de l'amour

Cette peur d'aimer, nous l'éprouvons tous. Peur d'être engloutis par la passion. Peur d'y perdre notre identité. Peur que l'amour ne cesse. Peur d'être rejetés, abandonnés, trahis, trompés… Il n'existe pas d'amour vrai, sans crainte de le perdre d'une façon ou d'une autre.

Néanmoins, il ne s'agit pas ici de ces peurs légitimes mais d'une angoisse irrationnelle ne pouvant se comprendre que si on la compare à une sorte de claustrophobie de l'amour.

En effet, cette peur d'aimer ne se raisonne pas. Elle n'est même pas consciente à la manière des prudents qui prévoient toujours le pire pour conjurer le mauvais sort et se réjouir du meilleur. Non, ces claustrophobes d'un genre particulier semblent avoir le vertige ou une allergie. C'est-à-dire qu'ils réagissent par l'angoisse, par un réflexe de panique dans une situation donnée. Et cette « situation donnée » est l'amour partagé.

Si nous voulons survivre à la souffrance qu'ils nous causent, il est essentiel de comprendre que nous ne sommes pas véritablement concernés. Nous n'avons rien dit, nous n'avons rien fait. Nous n'avons pas été décevants, c'est la situation qui leur semblait intolérable… Et c'est justement parce qu'ils nous aiment trop qu'ils doivent nous fuir.

Car plus l'amour est partagé, plus la relation est harmonieuse, plus nous leur apportons des preuves de notre désir de continuer, plus ils se sentent… coincés. Que nous nous appelions Jules ou Manon, que nous soyons grand ou toute petite, que nous ayons fait des études supérieures ou que nous soyons un as de la pastilla, ne change rien à leur vertige. Le problème se situe entre eux et… eux. Ils étouffent dans l'amour comme les claustrophobes dans les cages d'ascenseur. Peu importe que la cage (nous en l'occurrence) soit dorée, spacieuse ou minuscule et couverte de tags, pour eux, l'air reste le même : irrespirable.

Comment Alexis a-t-il pu faire une chose pareille à sa petite amie Lydie ? Elle était d'ailleurs plus que sa petite amie, elle était sa compagne depuis quatre ans. Ils partageaient leur petit déjeuner, leur lit, leurs plateaux-télé, leurs vacances, leurs fous rires… tout.

Nous sommes début août. Il est photographe indépendant. Une photo que de nombreux *news* ont publiée vient de lui rapporter un maximum d'argent. Il décide d'emmener Lydie aux Seychelles. Ils doivent se retrouver à l'aéroport. Il s'est occupé de tout. C'est lui qui a les billets. Deux billets, mais à Roissy-Charles de Gaulle, ils sont… trois :

– Kissé cette fille ? ? ?

Qui est cette fille au bras de son amoureux ? Lydie en bafouille.

– Je te présente Sonia. C'est avec elle que je pars…

Difficile à croire, mais Alexis n'est pas un goujat. Si on lui avait raconté « le coup de l'aéroport » commis par quelqu'un d'autre, il aurait été indigné. Pour lui, les femmes ne sont pas bonnes à prendre et à jeter. De plus, il aime Lydie à sa façon et cette Sonia, il la connaît à peine. C'est juste une copine de l'agence dans laquelle ils travaillent tous les deux. Les Seychelles ? Elle a sauté sur l'occasion !

Il a obéi à une pulsion, un coup de tête pour se sortir de ce qu'il vivait comme un « voyage de noces » qui, symboliquement, l'engagerait définitivement auprès de Lydie. Il a imaginé ensuite les enfants, la maison, vieillir ensemble au coin du feu et il s'est sauvé en… volant.

Lydie, on s'en doute, est anéantie. Si elle commence à revisiter leur relation, en se demandant où elle a péché, elle risque la dépression nerveuse. Et si elle s'interroge sur l'amour que ce garçon, qui prétendait l'adorer, lui portait vraiment, elle risque le suicide.

Pour calmer sa douleur sans fond, Lydie n'a qu'une solution : comprendre la phobie. D'ailleurs, les symptômes physiques sont parfois les mêmes : malaise, sueurs froides, besoin de sortir ou d'aller se passer de l'eau sur le visage devant une coupe de champagne ou lors d'un tête-à-tête amoureux. Comme un agoraphobe dans la foule…

L'amour et l'engagement sont vécus comme des prisons. Les femmes souffrent de cette sorte de vertige autant que les hommes mais, chez elles, la peur de l'engagement est régulée par la naissance des enfants. Elles surmontent plus précocement et plus facilement leur angoisse de s'engager dans une relation durable, sachant que leur temps est compté pour avoir des bébés. Mais, une fois installées dans la conjugalité, elles inventent de la même manière toutes sortes de stratagèmes

relation. La frénésie de ménage comme un inves-
ccessif dans le travail ou sur les enfants, sont des
prouvées pour s'échapper d'une exclusivité affec-
nable.

Nos pauvres remèdes aggravent leur mal

Les silences et les éloignements soudains, les dérobades incompréhensibles, les ruptures brutales nous plongent dans une détresse d'autant plus forte que nous n'y comprenons rien, et d'autant plus vive que nous avons connu avec eux tous les délices de l'amour vrai : sensualité, abandon, confiance, projets d'avenir, bien-être suprême… Et c'est précisément au moment où nous atteignions l'apogée du partage qu'ils nous ont privés de ces bonheurs avec eux savourés.

Pour remédier au mal, pour « récupérer » cet amour qui nous échappe, nous pouvons avoir une très mauvaise idée. Celle de donner encore plus d'amour, encore plus d'attentions, encore plus d'affection… Pour nous rapprocher, nous allons écrire de longues lettres de justification, envoyer des déclarations d'amour passionnées, jurer que notre amour durera toujours, pardonner les absences et même Roissy. Par tous les moyens, nous allons chercher à les rassurer sur notre bonne foi conjugale, afin de retrouver l'éblouissement des débuts et de reconquérir leur cœur volatile.

Mais ce faisant, nous obtenons l'effet exactement inverse à celui escompté. Car plus nous nous montrons attentifs, compréhensifs, plus nous cherchons à être encore plus parfaits, encore plus amoureux et proches et plus nous renforçons leur phobie, plus ils deviennent menteurs, cachottiers, « cloisonneurs », infidèles et plus ils rompent en nous laissant exsangues.

Le mieux est de s'aligner sur la distance affective qu'ils nous imposent et d'attendre, en espérant que ce sas aménagé entre nous leur permettra de se rassurer et de réfléchir. Préventivement, méfions-nous aussi de ces êtres à coups de cœur qui, sans nous connaître, parlent de nous enlever. Trop de précipitation dans l'amour peut présager d'une égale précipitation dans le désamour.

Cherchons ensuite à savoir à qui nous avons affaire. Avec eux, ça n'est pas très difficile. Ils se livrent aisément dans les premiers temps de la rencontre et racontent volontiers leurs précédentes déceptions amoureuses. Ne nous précipitons pas pour les plaindre. Écoutons-les plutôt très attentivement et en décodant ce qu'ils disent. Que leur est-il arrivé ? Comment parlent-ils de leurs ex ? Cette femme ou cet homme qu'ils ont aimé(e) n'était-il pas à la hauteur ? Ont-ils cru à un grand amour qui n'a pas abouti ? Quel était leur mode de vie quand il ou elle vivait en couple… car ce sont autant d'indices qu'ils nous donnent naïvement sur… ce qu'ils ne tarderont pas à penser ou à nous faire subir. On ne change pas. Le tort des amoureux est de croire que « avec nous ce sera différent » quand les probabilités sont beaucoup plus fortes qu'avec nous ce soit… pareil.

Analysons tranquillement leur personnalité. Les plus phobiques du lien étendent l'impossibilité de s'enfermer dans une relation à leur vie professionnelle et amicale. Ils peuvent travailler par exemple en libéral. Ou bien choisir des professions leur permettant d'être par monts et par vaux, sans être obligés de se soumettre au contrôle précis d'un chef ou d'une pointeuse. Avoir à rendre des comptes leur est plus qu'impossible : insupportable. Ce sont aussi des employés qui forcent sur les quarts et les tiers de temps. Ils ont besoin d'une soupape pour s'évader le plus souvent possible de la vie de bureau et, si on leur propose une Rtt modulable, ils sauteront sur l'occasion pour prendre le mercredi ou le vendredi pour brouiller les pistes.

De même, ils déménagent souvent, comme cet homme qui se disait « moine-soldat » et changeait de studio et de quartier de Paris tous les ans. Il ne possédait ni maison, ni meubles et détestait l'idée d'être propriétaire. De même, ils peuvent avoir des amis très chers qu'ils voient… une fois par an. Ou vivre des amitiés intenses qui tournent court dès qu'il s'agit d'installer cette intimité dans une durée. Ils préfèrent souvent la compagnie des livres, des timbres, du vélo, de la musique à celle des gens. Ils papillonnent d'une rencontre à l'autre, en se satisfaisant de séductions superficielles à surtout ne pas approfondir. Ce sont des adeptes des amours de vacances par définition sans lendemain.

TROUVER LA BONNE DISTANCE

Une fois que nous aurons bien cerné la psychologie du personnage, nous saurons qu'il faut lui laisser beaucoup d'air, de liberté, d'espace et de marge de manœuvres. Nous comprendrons qu'il ne faut pas relever ses pauvres petits secrets, ses pauvres petits mensonges et ne jamais l'interroger sur ses sorties et son emploi du temps. Là nous pouvons ruser, car il leur suffit (quand la phobie n'est pas trop grave) d'avoir « l'impression » d'être libres pour se sentir mieux. Témoin, Florian, VRP, une quarantaine d'années, vivant avec la même femme depuis vingt-deux ans. C'est un homme-enfant souffrant du syndrome de Peter Pan. Il se donne perpétuellement l'illusion d'être encore un adolescent partant le dimanche après-midi jouer au foot, dînant une fois par mois « sans les femmes » et toujours avec ses anciens copains de classe. D'une certaine manière, il n'a pas grandi. Longtemps, sa compagne a rouspété, pleuré et s'est sentie mal aimée face à ses reculades. Il ne voulait pas l'épouser. Il ne voulait pas s'engager. Il n'était pas sûr d'eux. Pas sûr de l'aimer, lui disait-il. Cette simple idée semblait le rassurer. Puisqu'il était « célibataire » sur sa carte d'identité, il pouvait l'être dans sa tête. Et ce stratagème semblait suffire à étouffer son angoisse de se voir passer la corde au cou.

Au lieu d'écouter ces mots désagréables et d'en souffrir, Claudine se rassurerait en s'attachant aux actes : lui faire deux enfants, n'est-ce pas une preuve d'amour et d'engagement ?

Dernier écueil à éviter, celui d'attendre les coups de téléphone qui ne sonnent pas, les vacances qui ne se décident pas, l'emménagement qui ne se fait pas, le mariage qui ne se demande pas, la rupture d'avec « l'autre » à laquelle ils ne se résolvent pas… Car plus on attend, plus on espère, plus ils se sentent coupables et plus l'envie de se dérober augmente. Veillons aussi à ne pas succomber aux reproches, à ne pas vouloir gommer nos supposés défauts pour leur convenir mieux. Ces efforts seraient non seulement vains, mais interprétés comme autant de preuves d'amour dans lesquelles ils se croiraient piégés. Bref, il faut avoir l'air in-dé-pen-dant !

Puisqu'ils étouffent dans l'amour, l'intimité, l'harmonie, l'engagement… prenons les distances qu'ils souhaitent. Soyons moins aimants, moins démonstratifs, plus froids, plus distants mais surtout, vivons sans les attendre, sans les espérer. Alors, il se peut qu'ils redeviennent comme au premier jour, pour repartir dès que nous semblerons à nouveau conquis…

Ces partenaires amoureux sont épuisants. Ils nous filent entre les doigts. Une fois qu'ils nous croient à eux, ils nous frustrent d'échanges intéressants et amoureux. Ils ont du mal à construire, à avancer dans l'intimité et, plus leurs sentiments sont forts, plus ils regardent dans notre dos vers l'issue de secours.

En outre, plus leur panique intervient tard dans la relation, plus ils nous font souffrir. Certains fuient dès qu'une femme ou un homme les attire. Jamais ils n'iront s'asseoir à côté de qui leur plaît. D'autres fois, cette phobie du lien arrive après l'attirance physique. Tant qu'ils croient à une simple attraction sexuelle, ils n'ont pas peur. C'est ensuite qu'ils prennent la fuite, lorsqu'ils éprouvent des sentiments. D'autres encore attendent que l'amour soit réciproque pour saboter le lien qui commence à les prendre au piège. Du « je », les amoureux sont passés au « nous ». Ils commencent à faire des projets d'avenir, à trouver des compromis entre leurs aspirations et leurs goûts pour aménager une vie commune enrichissante, agréable et prometteuse, et c'est au sommet de ce bonheur que l'oiseau se défile ou sabote.

Cette défection nous laisse évidemment perplexes mais aussi brisés, hagards, effarés et privés d'avenir… nous, les amoureux de bonne foi qui trouvons un jour l'appartement vide. La douleur est atroce, mais elle finira par cicatriser. Un seul conseil : s'accommoder de ce qu'ils sont si on le peut, mais ne pas croire à leur rédemption. Une phobie non soignée reste incontrôlable. Et forcément, elle se répétera. Si nous nous rapprochons trop.

CHAPITRE VII

Ceux qui n'aiment pas… aimer

Si nous sommes des amoureux de l'amour et des beaux sentiments, nous refusons de croire que certaines personnes se moquent d'aimer et d'être aimées. Nous soutenons mordicus que tout le monde cherche l'amour. Et cette naïveté nous cause les pires ennuis. Étant une femme, nous penserons par exemple que plaire à un homme libre garantit l'amour. Ou bien que l'amour, comme la grippe espagnole, est contagieux. Ou encore que, si nous savons aimer assez fort, assez bien, aimer comme il faut, alors on finira bien par nous aimer aussi.

Mais tout le monde ne possède pas un potentiel amoureux aussi fort que le nôtre. Certaines personnes ont des capacités d'amour ridicules et… ciblées à une ou deux personnes. Tandis que d'autres ont un cœur immense et généreux qui sait aimer dès le berceau. Dès l'âge de quatre ans, Valentine aimait éperdument un garçon de dix-sept ans qui l'emmenait gentiment au manège et lui apprenait « des tas de choses ». Lorsqu'il disparaissait plusieurs jours d'affilée, elle devenait si malheureuse que ses parents appelaient le jeune homme à la rescousse afin que leur toute petite fille recommence à s'alimenter…

Pas le moment, pas la « tête à ça » !

Il existe aussi des moments dans la vie où nous sommes plus ou moins disponibles et solides pour nous lancer dans cette aventure qu'est toujours l'amour. Francesco Alberoni, qui a décortiqué le phénomène amoureux dans *Le choc amoureux* et *Je t'aime !*, affirme que l'amour n'arrive pas à n'importe quel moment. Impossible de tomber amoureux par exemple quand nous avons « la tête ailleurs ». La dépression est aussi un fameux antidote à l'amour, car le repli et le manque de confiance en soi empêchent l'entrée en relation. Il faut de la disponibilité d'esprit et de la vitalité pour tomber amoureux et donc, ne pas être trop malheureux. Mais il ne faut pas non plus être trop heureux, car Francesco Alberoni assimile l'amour à une sorte de « mouvement collectif à deux ». Il nous pousse à faire la révolution, c'est-à-dire à envoyer promener nos valeurs antérieures et notre mode de vie pour en créer un autre. Or, les hommes et les femmes qui sont très bien dans leur peau, heureux de ce qu'ils ont et de ce qu'ils sont, n'ont aucune envie des changements que propose l'amour fort… Ils sont éventuellement d'accord pour l'aventure sexuelle. Pas pour la révolution !

Si nous avons manqué d'amour, si, toute notre enfance, nous avons dû faire des grimaces pour tenter de nous faire aimer de notre entourage, nous croyons à tort que l'amour est à la fois le problème et la solution de tout le monde. Puisqu'il est notre baume, notre raison de vivre, notre quête constante… alors notre voisin de palier ou cette belle jeune femme croisée dans la rue doit partager cet état d'esprit…

Aimer est indispensable… Mais bien des gens sont occupés à aimer passionnément leur travail, leurs animaux, leurs livres, la musique, leur automobile, un sport, leurs amis, leurs enfants. Et cet amour, autre qu'amoureux, les comble. Regardons autour de nous et demandons-nous à quoi notre entourage est principalement occupé. Nous verrons que la réponse

« à aimer d'amour » est finalement assez rare. Ici une maman est principalement occupée à faire le bonheur de sa fille. Là, un chef d'entreprise est occupé à faire tourner son affaire, ce qui n'est pas une mince affaire. Ailleurs, un homme est principalement occupé à rester quelqu'un de bien, comme si quelque face obscure de sa personnalité secrète menaçait de lui jouer des tours. Là-bas encore, une autre femme est occupée à se remettre en selle sur le plan professionnel… Certains sont mariés, d'autres pas, mais tous se situent à un moment de leur vie où l'amour n'est ni une valeur ni une préoccupation centrale.

Mais Madame, pourquoi voulez-vous que les femmes soient ma priorité ?

Dans une enquête réalisée pour le magazine *Avantages*, nous nous posions cette question : « Où sont les hommes ? » En effet, les hommes célibataires et libres sont à peu près aussi nombreux que les femmes dans le même cas. Alors, pourquoi les agences matrimoniales, les petites annonces et les clubs de rencontres concernent-ils surtout les femmes ? Où sont les hommes… libres ? Après enquête, il apparaissait qu'ils étaient devant la télé ou derrière leur ordinateur, occupés à travailler comme des fous ou à payer leur pension alimentaire. Éventuellement, à pianoter sur le Minitel rose ou certains sites Internet. Si les femmes cherchaient l'amour, les hommes, eux, semblaient plutôt décidés à s'en passer.

Celui qui porta le coup de grâce à nos illusions fleur bleue s'appelait Jean. Il avait été cadre commercial. Il avait gagné beaucoup d'argent, conduit de belles voitures, conquis « des femmes superbes malgré ma gueule à la Gainsbourg » (selon ses propres mots). Puis il avait perdu son emploi, sa maison, ses voitures. Lui restaient le Smic, son chien, ses cigarettes et une chambre louée à une logeuse acariâtre qui le priait de « ne pas mobiliser le téléphone plus longtemps », sur un ton odieux et comme si elle s'était adressée à un gamin. J'aurais dû raccrocher mais, obnubilée par mon sujet, j'insistai :

– Et la place des femmes dans votre vie ?

Un peu excédé, il eut ce cri du cœur :

– Mais Madame, pourquoi voulez-vous que les femmes soient ma priorité ? !

Jean fut le premier à me faire comprendre que certaines personnes, dont nous tenons absolument à nous faire aimer, ont bien d'autres priorités. À ne pas vouloir le comprendre, on risque des désillusions et bien des fausses interprétations.

Marie-France, par exemple, est infirmière. C'est une jolie femme de presque cinquante ans, sans mari ni enfant. Elle vient de vivre une histoire d'amour détestable avec un « tordu » qui l'a traitée comme un chien. Quand elle se lie d'amitié avec l'un de ses malades convalescents, au sortir de ce que l'on appelle pudiquement « une longue maladie », elle pense : « *Enfin un homme qui aime ses enfants, la nature et les bons restos. Il est disponible. Il est heureux. Avec lui, les relations ne seront pas compliquées. Je vais pouvoir vivre (ce qui ne m'est pas arrivé depuis des années) une histoire simple !* »

Partant de ce constat favorable, elle commence à tomber amoureuse en pensant que ses sentiments seront forcément partagés. De fait, il paraît enthousiaste, très heureux de la voir. Il se montre plus que sympathique, presque chaleureux, si bien qu'elle se fait rapidement des idées sur l'avenir de leur « couple ». Hélas, elle ne tarde pas à réaliser que la joie de vivre de cet homme ne tient pas à leur amour naissant, mais à sa bonne santé retrouvée. Et que, s'il est heureux lorsqu'elle est là, c'est moins de la voir que de pouvoir refaire l'amour à une femme après tant d'années sexuellement abstinentes.

Quelles sont les priorités de nos compagnes et compagnons ou des êtres sur lesquels se portent nos visées amoureuses ? Trouvons la réponse à cette question nécessaire et nous saurons si cette relation vaut la peine d'être « investie », diraient les économistes, sans y risquer trop de plumes.

Néanmoins, certaines personnes cachent si bien leur jeu que nous ne savons plus très bien où nous en sommes avec elles, ni où elles en sont avec nous.

Les manipulateurs ne nous aiment pas, ils nous « utilisent »…

Leur séduction est tellement forte et leur art de noyer le poisson si bien rodé, que nous perdons nos repères pour les juger avec lucidité. C'est après coup que les dégâts causés nous apparaissent dans toute leur ampleur. C'est après les avoir quittés que nous avons le sentiment de nous réveiller d'un cauchemar. Avec la gueule de bois. Pendant tout le temps où nous les aimions, nous n'avons rien vu, rien compris. Je ne parle pas des relations avec les pervers qui sont ouvertement destructrices et douloureuses, mais des entortillements des manipulateurs qui tirent les ficelles de notre vie, comme si nous étions les misérables marionnettes de leur illustre théâtre.

Le fonctionnement des manipulateurs a été dénoncé par la psychologue Isabelle Nazare-Aga dans *Les manipulateurs et l'amour*. Non seulement elle décrit les symptômes avec précision, mais elle apporte des techniques de contre-manipulation qui seront utiles à tous ceux qui les côtoient. Et qui ne supportent plus de se « faire avoir ». Car c'est bien de cela qu'il s'agit. Il n'est pas question pour un manipulateur d'aimer ses proches, c'est-à-dire de leur faire du bien et de les valoriser, mais de les utiliser comme des outils à son service…

La manipulatrice la plus habile que je connaisse s'appelle Lola (je peux parler d'elle d'autant plus librement que nous sommes fâchées comme elle l'est à peu près avec tout le monde). Elle est aujourd'hui une vieille dame mais, dans sa resplendissante jeunesse, elle a eu de nombreux amants. Lola était belle. Lola était mondaine. Lola fascinait car elle était amicale et sans que nous ayons eu à faire ou à dire quoi que ce soit. D'emblée, elle nous adoptait.

Honorés d'être invités à sa table, nous étions forcés de la trouver généreuse, chaleureuse, si bien que, dès les premières heures de la rencontre, nous étions déjà redevables de tout ce qu'elle paraissait donner. Car à les observer de près, ses dons étaient minimes ou, en tout cas, hors de proportion avec nos « remboursements » à venir…

Oh ! bien sûr, elle paraissait un peu étrange avec ses airs de diva, son parfum musqué, ses bijoux voyants, mais en « amitié » – puisqu'il s'agissait d'amitié –, on refuse de voir la petite bête. En quelques heures, quelques jours, la relation devenait plus intime et Lola commençait alors à nous emberlificoter dans un embrouillamini de plaintes (où elle se posait en victime), de culpabilisations et d'invocations, de principes moraux – dilués dans quelques flatteries –, qui nous conduisaient à lui rendre des services ou à lui offrir des cadeaux disproportionnés : une machine à laver la vaisselle, un meuble, un tapis, un bijou hors de prix, des heures passées dans les embouteillages à aller lui chercher – « c'est tellement gentil, tu es la seule à qui je pouvais demander cela ! » – un flacon de parfum unique et hors de prix… Sans savoir comment, nous étions piégés… et finalement amers, mécontents d'avoir été pris dans ses filets, déroutés et par-dessus le marché, honteux de la mesquinerie de nos petits calculs rétrospectifs.

Lorsqu'ils l'ont rencontrée, ses trois principaux maris ou compagnons étaient des êtres entiers, actifs et suffisamment virils pour avoir vécu avec d'autres femmes et, pour l'un d'entre eux, avoir eu des enfants. Le premier était avocat, le second médecin, le troisième ingénieur (elle aimait le confort). Tous sont sortis de cette relation pitoyables et vidés.

Le premier a consacré tous ses honoraires à l'entretenir, elle, sa bonne et ses nombreux amants. Il travaillait comme un fou pendant qu'elle se pavanait au milieu d'une cour en prenant des poses de femme d'affaires débordée. Très vite aussi, elle lui a refusé son lit. Tantôt, elle le traitait comme un pauvre type, tantôt elle en faisait « le plus grand avocat du barreau de Paris ». Lui ne savait plus qui il était. Et comme il est très difficile de s'avouer qu'on a été le dindon d'une mauvaise farce, il a mis presque dix ans à la quitter après s'être ruiné la santé et le compte en banque.

Le second était médecin et, suivant à peu près le même chemin, il est devenu alcoolique, accro aux antidépresseurs avant d'être plaqué du jour au lendemain. Sans un mot : elle avait trouvé mieux ! Le dernier est encore avec elle, paraît-il, mais il n'est plus ingénieur. Il est son secrétaire particulier quand elle décide d'écrire ses mémoires et homme à tout faire le reste du temps. Lui aussi est devenu alcoolique, asexué et décervelé. Il suit sa femme comme un Toutou, sans dire un mot. Quand une bonne volonté lui adresse la parole, il se tourne vers Lola qui répond :

– Claude pense que…

Mais si son humeur est à la glorification, elle est capable d'affirmer que « Claude est l'homme le plus intelligent qu'elle ait jamais rencontré » puis, quelques secondes après, de le traiter plus bas que terre.

Les manipulateurs sont des divas qui, au gré de leurs caprices, font de nous des serpillières ou des héros. Néanmoins, la plupart du temps, nous n'existons pas. Nous ne sommes pas au cœur de leurs préoccupations, comme avec les pervers qui nous harcèlent et nous détruisent par des manœuvres de déstabilisation permanente. Nous ne sommes pas leur « Princesse adorée », comme pour ces enragés qui nous cognent, de peur que nous les quittions. Non, les manipulateurs jouent avec nous selon leurs besoins, à moins que leur intérêt ne se porte ailleurs. En ce cas, ils nous jettent purement et simplement. Nous ne sommes pour eux que des pions parmi d'autres pions, utiles tant que nous voulons bien les servir, les gâter ou les admirer…

Dans ce cadre psychologique, l'amour devient contre-nature car il suppose l'oubli de soi, la prise en compte des besoins et de l'intérêt de la personne aimée… Pour pouvoir aimer, il faudrait que les manipulateurs renoncent à ce qu'ils sont, c'est-à-dire foncièrement égocentriques. Pari impossible !

Comment survivre ? D'abord en repérant leur jeu, un exercice très difficile car ils sont enjôleurs et sans agressivité ouverte. Leur habileté consiste à ne rien exiger ni demander directement, mais à nous amener à nous plonger nous-mêmes dans leur pétrin. C'est à force d'entendre sa femme se plaindre de sa fatigue, par exemple, que le gentil Claude lui a proposé « spontanément » de passer le balai dans la salle de bain. Un peu plus tard seulement, Lola s'est « étonnée » que « personne » n'ait donné un coup de serpillière…

Donc, repérer leur jeu. Puis oser affirmer ses besoins en tenant fermement à ce qu'ils soient pris en compte aussi. Enfin, contre-manipuler, c'est-à-dire reformuler les sous-entendus et rester indifférent aux tentatives de culpabilisation. Tout un art et une discipline épuisante…

Les dominateurs n'aiment pas : ils veulent écraser, corriger, contrôler…

Avant d'être une caractéristique psychologique, l'autoritarisme a été un rôle social. Était un homme celui qui savait mener son monde à la baguette et se faire obéir. Le « pater familias » portait la culotte avec la bénédiction des femmes (mères, épouses, sœurs, filles) dévouées à son service. Ce statut était dans l'ordre des choses, et son autorité aussi incontestable qu'incontestée.

Désormais, les familles n'ont plus un, mais deux chefs de famille. Les parents sont égaux devant la loi. Les femmes travaillent. Les tâches et les responsabilités se répartissent et se partagent démocratiquement entre papa et maman mais… il reste des traces de l'ancien temps. Les scories de la domination masculine se délitent lentement. Les hommes ont du mal à céder leurs privilèges, tandis que les femmes peuvent se croire coupables de les usurper.

Cette mise au point faite, on connaît aussi des « maîtresses femmes ». Sous prétexte que la maison et la famille sont « leur domaine », elles enrégimentent leur monde et, telles des chefs d'orchestre, exigent ceci de l'un, cela de l'autre. Il faut dire que les familles nombreuses, par exemple, doivent obéir à des règles précises, mais les grandes fratries disparaissent et les « tyrans », hommes ou femmes, demeurent…

Pourtant, discipline et domination ne reviennent pas au même. La discipline répond à des impératifs collectifs, tandis que la domination relève d'un seul individu soucieux d'imposer sa suprématie. Il n'est pas destructeur comme le pervers ou le manipulateur, il est étouffant. Impossible avec lui de s'exprimer, exister, s'épanouir. Il veut notre bien mais c'est plus fort que lui, sa forte personnalité étend ses tentacules à tous les aspects de la vie… des autres.

Il impose son rythme, son point de vue, sa vérité, sa façon de dire et de faire. Et ceci avec bonne conscience puisqu'il « sait ce qui est bon pour nous ». Nanti de ces certitudes et de son bel égocentrisme, il ne comprend pas que ce qui est bien pour lui, ne le soit pas pour nous. « Je ne vis pas comme ils vivent, je n'aime pas comme ils aiment… », écrivait Marguerite Yourcenar. Il fait le même constat mais en étant outré car, qu'on se le dise : il a rai-son ! en vertu d'une supériorité issue de son sexe masculin, de son statut (maîtresse de maison) ou de ses qualités personnelles comme la haute intelligence qu'il se prête, par exemple. Son point de vue a force de loi. Le contredire est pris soit comme une « bêtise », soit comme un crime de lèse-majesté. Dès lors, le dominateur préfère les rôles aux personnes. Il apprécie moins Marcel ou Julie que « mon mari », « ma femme », « mes enfants » qui n'ont pas intérêt à sortir du rang. Car le rejet serait cruel. La condamnation absolue. Et la rupture probable.

Au quotidien, la paix règne dans le couple tant que le conjoint du dominateur reste à la place qui lui a été dévolue, le petit doigt sur la couture du pantalon. Si nous obéissons comme de braves petits soldats – sans nous plaindre et en gardant le sourire quoi qu'il arrive –, le tyran domestique nous glorifie. Il le clame : il est marié à une « femme en or », un « mari parfait ». Comme disait un vieux monsieur :

– Mon épouse est une femme formidable : je n'ai jamais attendu !

Mais à la moindre fausse note déviant de la partition conjugale et sociale tacitement établie, c'est une volée de bois vert, ou de critiques, ou de froncements de sourcils, ou de leçons de morale, ou d'ironie… qui nous tombent littéralement dessus. La remise en place est parfois terrible. Je pense à une épouse omniprésente envahissant l'espace (en furetant partout à petits pas rapides) et aussi les conversations (du moins quand elle daigne enfin s'asseoir et cesser de nous donner le tournis). Les seuls sujets de discussion qui semblent avoir un intérêt pour elle sont ceux qu'elle connaît. Sinon, elle regarde ailleurs. Ou coupe la parole. Quant à son mari généralement muet, s'il s'avance à participer, elle l'interrompt ou plutôt l'empêche aussitôt de continuer :

– Mon pauvre François, tu sais bien que tes histoires n'intéressent personne !

– Mon pauvre François, ce que tu peux être lent !

– Mais mange, mon pauvre François ! Tu vois bien que tout le monde t'attend.

Est-il nécessaire de préciser que le pauvre François, qui a déjà fourni un énorme effort pour oser prendre la parole en présence de sa légitime ogresse, bat immédiatement en retraite en piquant du nez dans son potage et en murmurant un « pardon Cécile ! » absolument confus.

Cet autoritarisme crée une tension qui nous coupe les ailes. Nous sommes sans cesse freinés dans nos élans. Auprès d'eux, nous ressemblons à des gamins paralysés en haut du plongeoir : osera, osera pas se lancer, exprimer ses pensées, être ce que nous sommes, sans avoir peur d'être jugés ou remis à cette place que nous n'aurions jamais dû quitter ? À vivre auprès d'eux, nous devenons des oisillons timorés. Nous voudrions déployer nos ailes mais que diront-ils, qu'en penseront-ils ?

Certains dominateurs poussent encore plus loin le bouchon de leur autorité, en ne nous laissant jamais en paix. Il faut impérativement qu'ils se mêlent de tout. Ils expliquent par exemple à leur femme, qui cuisine depuis dix ans, comment éplucher les carottes et répondre au téléphone :

– Cette voix ! Parle un peu moins fort…

Que faire ?

Doucement, les amener à admettre que l'on peut voir les choses autrement. Doucement, leur faire comprendre qu'ils ont du mal à nous laisser exister en général et dans la relation en particulier… Doucement encore, prendre la parole et leur suggérer que leur Vérité n'est peut-être qu'un point de vue en valant un autre.

Et enfin, si vraiment notre patience est à bout, taper du poing sur la table. Comme on aimerait entendre François faire taire, au moins une fois dans sa vie, son insupportable ogresse :

– Tu permets, « ma pauvre Cécile », mais maintenant JE parle !

Ceux qui ne veulent plus souffrir…

L'amour suppose une gratuité et un désintérêt dont les manipulateurs ne sont pas capables. De même, l'amour suppose une perte de contrôle sur soi, sur ses pensées, ses émotions et aussi des relations égalitaires qui sont contre nature pour qui veut dominer. En effet, pour quelqu'un que la maîtrise de soi et des autres obsède, l'amour est « une tuile, une dépendance, une faiblesse », bref, une aventure à proscrire ou alors juste un tout petit peu pour y goûter à peine…

En revanche, ceux dont nous allons parler ne rejettent pas l'amour parce qu'ils sont comme ça, mais parce qu'ils l'ont choisi : ils ne veulent plus aimer ! Et pourquoi ? En général parce qu'ils ne veulent plus souffrir…

Les blessures amoureuses laissent parfois de si vives brûlures qu'il paraît légitime (et même sain) de chercher désormais à fuir le soleil. Or, en amour, notre époque est à la fois la plus belle et la plus cruelle. La plus belle parce qu'on peut vivre plusieurs vraies histoires d'amour en une seule vie. Mais la plus cruelle parce que l'on peut être refusé, jeté, abandonné... De ce fait, il est rare qu'on traverse une existence sans avoir eu le cœur brisé par une ou plusieurs déceptions amoureuses. En nous, elles laissent des souvenirs cuisants, des cicatrices encore sensibles et des réflexes de repli et de protection.

Peut-être ces célibataires qui se réfugiaient derrière leur écran d'ordinateur, leurs vidéos et leur Minitel rose, faisaient-ils partie de ces hommes blessés s'étant mis volontairement en marge du circuit amoureux. Par mesure de précaution ou par dépit. L'amour n'était plus leur priorité. Ils acceptaient une aventure de passage, une femme dans leur lit pour la soirée, mais pas pour la nuit et surtout pas pour le lendemain matin au réveil. Pas de prise de risque. Pas de souffrance. Et si elle ne leur plaisait qu'à moitié : tant mieux. Ne pas s'attacher voulait dire : ne pas s'exposer à en baver.

À presque quarante-six ans, Pénélope en paraît quarante. Il faut dire qu'elle est très sportive, petite, menue, blonde, mignonne avec des grands yeux, un petit nez et des pommettes hautes (trois atouts, paraît-il, qui donnent l'air éternellement jeune). Divorcée après vingt ans de mariage, quatre enfants adultes. Indépendante, cadre, de l'argent... et un problème : la solitude qu'elle trouve atroce. Rentrer seule chez elle le soir, pour partager sa pomme avec la télé, lui donne un cafard noir. Il faut dire que son ex, ses enfants, les rares amis du couple et les copains des enfants se sont envolés presque en même temps...

Bref, elle rencontre un homme seul un peu plus âgé, intéressant, même profil qu'elle. Ils ont tout pour que ça marche sauf que... il ne veut plus souffrir. En fait, sa première épouse lui en a tellement fait voir qu'il s'est promis de ne plus jamais s'engager dans une relation exclusive. Pour lui, ne plus souffrir signifie concrètement : coucher mais ne pas dormir avec une femme, continuer à en voir d'autres, ne pas la présenter à ses enfants, ne pas la voir en semaine, sortir ensemble un peu mais pas trop, pour ne pas se créer trop de points communs… Pénélope est un peu amoureuse, très patiente, toujours aussi terrifiée d'être seule ; aussi accepte-t-elle de jouer le rôle correspondant à son joli prénom. Mais lui ne sera pas son Ulysse.

Que peut-elle faire de plus ? Le mettre en confiance patiemment. Essayer de lui faire comprendre que toutes les femmes ne ressemblent pas à sa première épouse. Mais surtout, continuer la gym, le travail, les amis, les amants de toujours, les enfants… et rester disponible à l'amour, à celui-ci, au cas où Ulysse se mettrait à écouter son beau chant de sirène, ou… à un autre que personne ne songera à lui reprocher.

Cette histoire pour prévenir les cœurs pressés qu'il existe des cœurs brisés et leur dire que l'on peut être objectivement libre et subjectivement indisponible. Du moins pour le moment.

Ceux qui nous refusent…

Il existe enfin des gens qui ne veulent pas nous aimer, nous en particulier. Cette phrase résonne cruellement à certaines oreilles. Elle évoque ces amours certes impossibles, mais qui auraient pu être si belles. On pense à la belle chanson qu'interprétait Serge Reggiani : *Il suffirait de presque rien, peut-être quelques années de moins pour que je te dise « je t'aime »*…

Ils ne veulent pas nous aimer, mais nous sentons bien qu'il suffirait de presque rien.

Moins de différence d'âge, un peu plus de courage, d'autres lieux, d'autres mœurs, moins de famille, moins d'enfants, moins de religion, moins de racisme, pas cette maladie… Même aujourd'hui où nous nous croyons libres d'aimer, il survient des obstacles rendant nos amours impossibles.

Cette décision d'aimer ou de ne pas aimer est généralement prise bien avant nos rencontres. Elle ressemble aux promesses des malades alcooliques abstinents qui ont décidé de ne plus jamais reboire une goutte d'alcool et qui s'y tiennent malgré leur tentation si forte, parfois, de sentir une gorgée de whisky leur brûler la langue. De même nous tentons ceux qui ont décidé de ne pas nous aimer, mais ils feront tout pour tenir bon. Faut-il vaincre leurs résistances et les obliger à trahir le pacte qu'ils ont passé avec eux-mêmes ? Ils en seraient malades et honteux.

Que faire ? Entendre les raisons de l'autre. Se mettre généreusement à sa place. Ne pas piétiner comme un enfant capricieux exigeant qu'on lui donne un bonbon, quand ce n'est plus l'heure d'en manger. Les raisons de reculer devant un amour impossible sont parfois de bonnes raisons. Essayons plutôt de changer l'amour en affection, en tendresse, en amitié indéfectible et d'en faire, si c'est possible, l'un de nos plus nostalgiques souvenirs…

CHAPITRE VIII

Ces « pervers » qui nous détruisent

Il existe une différence fondamentale entre nous, pauvres imparfaites moitiés, et les pervers dont nous allons parler. Cette différence s'appelle la mauvaise conscience. Car nous nous sentons généralement coupables d'avoir été odieux, d'avoir dépassé les bornes ou d'avoir ulcéré nos conjoints en employant « la tactique du mur de pierres » consistant à faire la tête, à claquer les portes ou à se taire en prenant un air excédé pour échapper aux courses, aux reproches…

Comme la majorité des gens, nous avons plutôt envie d'aimer correctement nos compagnons de vie. Nous rêvons de les choyer. Nous faisons l'impossible pour qu'ils se sentent heureux de vivre en général et avec nous en particulier. Nous aspirons à représenter pour eux quelque puissance bénéfique leur apportant du beau, du bon, du bien, du doux, du réconfortant. Nous souhaitons aussi qu'ils osent s'abandonner sans crainte et sans reproche. Nous voulons que notre amour soit une force sur laquelle ils s'appuient pour aller dans le sens de la vie, du bonheur et de la réalisation de soi.

Nous voulons – si nous savons aimer – qu'ils adviennent à eux-mêmes et si possible avec notre aide. Pour résumer, nous voulons être leurs passeurs de vie et de bien-être…

Ils fonctionnent à l'envers

Or, rien de tel chez les « pervers narcissiques » décrits par le Dr Marie-France Hirigoyen, médecin psychiatre, qui a ouvert les yeux à des milliers de victimes en publiant en 1998 *Le harcèlement moral. La violence perverse au quotidien.* Elle y décrit des monstres froids au cœur sec, des êtres sans scrupule dont le principal plaisir consiste à démolir leur bouc émissaire, en l'amenant à se renier, à s'humilier et à se démolir lui-même. Ce sont des « psychotiques sans symptôme » qui haïssent la joie, la relation, l'intimité. Dans les moments d'intimité, ils font tout pour saboter l'échange et le bonheur qui se construit.

Myriam, quarante ans, qui de trente-deux à trente-six ans a vécu une relation compliquée si ce n'est tordue, avec un artiste peintre andalou, se souvient : « *Le pire que l'on pouvait dire à Pablo*, explique-t-elle, *était : Je suis heureuse, je suis bien avec toi... Alors tout était bon pour casser le charme et gâcher le moment, y compris les insanités.* »

Dès les premières rencontres avec un pervers, nous éprouvons par flash une sorte de malaise, comme s'il existait en eux quelque chose de faux. Leurs questions nous acculent à dire ce que nous voudrions garder secret : ils nous violent. « *Il était très indiscret. Il voulait savoir qui avaient été mes amants, si je les avais trompés. Je me sentais percée à jour* », constate Myriam. D'autres fois, leurs conseils sont tellement insistants que nous sommes amenés à agir à l'inverse de nos idées...

Mais l'intérêt qu'ils semblent porter à notre intimité, à notre travail... contrebalance cette mauvaise impression et donne l'illusion d'une véritable communication.

Car l'une des forces des abuseurs de confiance est d'avoir compris ce dont nous souffrons la plupart du temps : de ne pas être reconnus, écoutés. Faute d'occasions, de fatigue ou d'abus de télévision, nous consacrons très peu de temps aux relations intimes. Nos amitiés se réduisent à cinq personnes en moyenne et nos amours à deux ou trois dans une vie. Une récente enquête du *Nouvel Observateur* (avril 2001) montrait que les trois quarts des patients qui consultent un psychothérapeute le font moins par nécessité pathologique que par simple besoin de parler.

Les pervers ont l'intelligence d'appâter par l'écoute : « Il avait l'air de s'inquiéter de mon travail. » « C'était la première fois que quelqu'un s'intéressait vraiment à moi », disent souvent les victimes. Ne nous y trompons pas : ces prédateurs font parler pour piéger. Naïvement, nous pensons qu'ils se passionnent pour nos activités, notre histoire, nos idées. En fait, ils auscultent nos failles, des failles dont ils feront des gouffres et des armes qu'ils retourneront contre nous, le moment venu.

Un examen attentif révèle cependant qu'ils fuient tout ce que cherche le commun des mortels : la communication vraie. Dès qu'une complicité s'instaure, ils la cassent, de même que la joie ou le bien-être. Leur langage, souvent très impersonnel, montre aussi que leur vis-à-vis est interchangeable. Elle s'appelle Myriam, mais ce pourrait être Julie ou Francine. « *On croit être importante. On ne représente qu'un nom sur un répertoire* », affirme la jeune femme.

Cette manière de se dérober à la relation se constate dans d'autres aspects de la conversation, avec ses ruptures de ton, une certaine manière de passer du coq à l'âne juste au moment où le dialogue risque de s'instaurer, un abus de formules passe-partout resservies à tout le monde : « Il y a chez toi quelque chose d'assez extraordinaire… dira le pervers en mimant une recherche de complicité, mais… j'hésite entre un chablis ou un sauvignon. »

Une victime un peu plus culottée que les autres essaiera de revenir à elle :

– Il y a chez moi quelque chose de ?

– Je préfère le chablis !

Elle n'en saura pas plus.

La haine du couple et de l'amour…

Un pervers déteste le couple. Il n'apporte rien dans la corbeille du mariage. Il ne fait rien pour créer ce « nous » rempli de souvenirs, de belles discussions, d'attentions, de bons moments. Non seulement il fuit, mais il semble perdre la mémoire. Une phrase à ne pas dire : « Tu te souviens… » Non, il ne se souvient de rien. Le temps n'a de prise ni sur son cœur ni sur les personnes. Il fabrique de l'anti-couple, en sapant les liens à mesure qu'ils se construisent. S'il consent du désir, il prive d'échanges. S'il donne un peu de temps, il se refuse sexuellement, etc. La relation patine. Détruire est sa seule initiative. « *Je ne suis pas un homme de couple* », affirme Pablo qui se moque de ceux qui cherchent la vie commune : « *Ne me dis pas que tu veux ressembler à ces petits couples qui se tiennent la main à la télé ? !* »

Les pervers haïssent l'amour et ne veulent surtout pas qu'on les connaisse. Ils semblent nés de personne et venus de nulle part, comme s'ils s'étaient auto-engendrés. Pour noyer le poisson de leur véritable histoire, de leur véritable identité, ils jouent, pirouettent, manient le faux et le flou car ils mentent aussi beaucoup. Ils écrivent leur propre légende, selon les interlocuteurs. Pour mieux les bluffer, ils peuvent s'inventer des points communs fictifs. Devant un médecin, ils auront travaillé « dans le monde médical ». Avec un banquier, ils auront eu un amant, une maîtresse « dans la finance », avec un architecte ils auront été « décorateurs dans une autre vie… ».

Mais s'ils séduisent d'abord par des flatteries, des compliments, c'est pour mieux nous détruire. Mais détruire quoi ? Le lien et la bonne image de soi de leur victime, sa capacité de bonheur, de créativité, ses capacités relationnelles, sa faculté d'aimer… c'est-à-dire tout ce qui, en eux, ne parvient pas à vivre. Morts intérieurement, ils s'en prennent à la partie vivante de leur bouc émissaire. Aussi commencent-ils, sous couvert d'analyses profondes, à démolir les gens et les choses qui deviennent moches : tous pourris, les politiciens, les artistes, les voisins, etc. « *J'étais son pot à bile* », constate Myriam.

LES AGRESSIONS INDIRECTES

Ce dénigrement s'étend bien sûr à son partenaire qui, un soir, ne sera « pas assez classe » pour l'accompagner dans un dîner avec des clients. D'autres agressions directes nous coincent, en public par exemple, quand nous ne sommes pas en mesure de nous défendre : « *Mon mari n'a jamais été un foudre de guerre !* » balance en plein dîner une « charmante » épouse.

Que peut répondre l'époux ? Protester : « *Mais non, je suis très intelligent !* »

Ou ironiser sur la « haute » opinion que sa femme a de lui, au risque de créer un malaise chez tous les convives ? Naturellement, il se tait au prix d'une tension psychique énorme…

D'autres attaques sont plus indirectes (perverses) et subtiles. On nous dira par exemple que nous « valons beaucoup mieux » que notre petite maison, notre petit boulot… ce qui, sous couvert de compliment, fait de nous des « minables ».

Petit air méprisant, moues dédaigneuses, mines dubitatives… sont autant de minuscules persécutions : reniflements suggérant que nous sentons mauvais, index négligemment passé sur les meubles pour « vérifier » la poussière, sous-entendus vénéneux, allusions cachées… un simple regard, un geste imperceptible suffisent à rabaisser. Répondre au téléphone : « Non, non, tu ne me déranges pas, je suis seule » quand nous sommes aussi dans la pièce… Ou bien, le dénigrement sera suggéré puis immédiatement balayé par une autre phrase, qui nous empêchera de pointer l'affront. Il démolit puis papillonne. Ou encore, se rend à peine audible pour faire jouer la mauvaise foi, si la phrase est relevée : « Tiens, voilà ma femme pleine de grasse, deux ss… Deux ss, moi j'ai dit deux ss ? »

Des manières de pousser son partenaire à bout et sans avoir l'air d'y toucher, il en existe mille. Le mur de pierres dont nous parlions plus haut en condamnant son interlocuteur à faire les questions et les réponses. Le refus du dialogue : « Tu as parlé de séparation ? » Réponse : « Crois-tu que c'est le moment de parler de ça ? »

Mentir permet aussi d'avoir le dessus dans la conversation ou encore, mêler vérités et mensonges, dans un amalgame changeant, vise un objectif immuable : briser, déstabiliser…

Font encore partie de l'arsenal, les promesses non tenues : promettre qu'on va téléphoner et… ne pas téléphoner. Promettre un dîner et s'étonner le jour dit : « Moi, j'ai promis ça ? » Et cette manière de nous priver de caresses sous prétexte que l'amour est trivial, du moins aujourd'hui : « Ne me fais pas croire que tu as besoin de ça ! »

Ou encore cet art consommé de ne nous dire ni oui ni non. De nous laisser en plan avec des doutes plein la tête, sans savoir s'il faut compter sur cette histoire d'amour ou l'oublier à tout jamais : « *Nous allons faire un enfant* » dit Pablo le lundi. « *Je ne suis pas un homme de couple* » dit Pablo le mardi. Que faut-il en penser ?

En créant cette confusion, il est question de nous tenir en suspens, « à disposition », afin que nous puissions être pris, jetés, repris et re-rejetés au gré des humeurs inconstantes d'un être qui joue avec nos nerfs et nos sentiments.

Raisonnements et coups tordus

L'un des jeux favoris des pervers consiste à irriter pour provoquer des réactions émotives spectaculaires. Quel bonheur de déclencher la colère, la haine, l'agressivité chez un impulsif ! Ce peut être le cas d'une femme perverse poussant son compagnon à bout pour qu'il finisse par lui donner une gifle. Gifle qu'elle ira ensuite déclarer au commissariat.

Circule aussi, parmi les avocats, l'histoire d'une femme qui, à bout de nerfs et d'arguments, aurait menacé de tuer son bébé si son mari continuait à la persécuter. Elle serait aujourd'hui en prison pour… infanticide. L'avocat écœuré par tant de perversité aurait refusé de défendre « ce monstre », à savoir le père de l'enfant et non pas la meurtrière. Rien ne serait plus jouissif pour un pervers que de pervertir sa victime et de la rendre aussi mauvaise que lui.

À propos de coups tordus, une femme inspecteur de police racontait que, dans sa petite ville du sud-est de la France, la moitié des dépôts de plaintes pour viol de l'année 2000 avaient été classés comme « non recevables », car il s'agissait de manigances destinées à obtenir des divorces pour faute. Ainsi, cette femme qui avait expliqué à son fils d'attendre dans le salon. Quand ses parents iraient dans la chambre à coucher et qu'il entendrait sa mère crier, il faudrait qu'il appelle Police-Secours.

Le mari rentre. La femme l'attire dans la chambre, le cajole, l'embrasse. Ils commencent à faire l'amour et… elle se met à hurler. Comme convenu, le fils appelle la police. Heureusement pour cet homme, le premier mari de la dame avait déjà fait de la prison pour… tentative de viol sur la personne de son épouse.

On raconte aussi l'histoire d'une mère disant à sa fille : « *Tu comprends, c'est la faute de ton papa si l'on se sépare : il ne supporte pas que j'aie des amants…* »

Les phrases, les actes sont tordus. Tous mériteraient d'être démantelés et analysés à froid. Un pervers, par exemple, vous demande un rendez-vous et déclare en ouvrant son agenda :

– Alors, vous voulez me voir quand ?

Ces renversements ont l'art de déstabiliser (but sans cesse recherché) mais aussi de mettre en position de demandeur et donc d'infériorité. C'est une manière très subtile de rabaisser. Néanmoins, comme ce n'est qu'un détail (parmi d'innombrables autres détails), nous ne prenons pas la peine de relever. Mais si nous le faisons, nous aurons tort, forcément :

– Oh pardon ! JE peux te voir quand, « Majesté » ?

Un pervers est constamment pervers à coup de petites phrases ou de coups montés. Pablo, lui, gardait toutes ses cassettes de répondeur téléphonique sur lesquelles étaient enregistrés des messages d'anciennes petites amies. Quand Myriam arrivait, il « écoutait ses messages » en faisant croire qu'ils dataient de la veille pour la rendre jalouse. Bien sûr, elle entrait dans des colères folles. Et lui, ravi, lui reprochait « ses crises » : quelle hystérie !

Une culpabilisation toxique

De même que nous sommes tous agressifs parfois, ou intrusifs parfois, ou culpabilisants... parfois, le pervers, lui, l'est de manière systématique et autrement que nous. Ses culpabilisations ne portent pas sur nos actes, mais sur notre être. C'est nous, notre personne qui est mauvaise, inadéquate. Il laisse entendre que nous ne devrions pas être qui nous sommes... Une femme dira par exemple à son mari (toujours de manière indirecte) : « Ça ne te gêne pas que ce type te méprise ? »

De plus, le contenu de leur culpabilisation est décalé, exagéré. Le lien qu'ils établissent entre les faits et la faute est aberrant. Sara, par exemple, a rencontré un homme divorcé avec deux petits garçons qui ne cesse de lui faire ce reproche : « *Tu n'es pas une bonne mère !* » Ainsi, il laisse entendre qu'elle est la maman des enfants, ce qui est faux. Autre exemple, celui de Michel qui reproche à sa femme d'avoir « *travaillé comme un fou pour élever TES enfants* »... Non seulement il suggère qu'il aurait pu ne pas travailler (ce qui est faux) mais aussi que les enfants sont seulement ceux de sa femme... Au cœur de ce genre de culpabilisation, on trouve une idée folle, tordue, aliénante.

Ce n'est pas tout : les pervers nous reprochent tout et son contraire. De ne pas parler et de dire ces mots-là, de les laisser tomber et d'être là... Ce qui compte pour eux ? Trouver un coupable et le rabaisser pour qu'ils puissent se prouver leur propre supériorité. Dans cette logique, ils manient une arme encore plus redoutable : celle de la double contrainte ou « double-bind » bien connue des psys car elle rend fou.

Manon a une trentaine d'années. C'est une jolie fille à la peau mate et aux yeux bleus qui, avant de rencontrer Valentin, était une BOF (marchande de beurre, œufs, fromages) au bagout formidable.

À force de fréquenter Valentin, elle est devenue plus timide, presque timorée, et si elle continue à vendre sa marchandise à la criée, une fois rentrée à la maison, elle reste plutôt silencieuse de peur de s'attirer les foudres de son drôle de bonhomme. Mais un pervers ne laisse jamais en paix : « *On ne t'entend pas, tu es trop timide* », lance-t-il en plein repas de copains. Pour lui plaire et paraître enjouée, elle ose une remarque en quêtant son approbation. Alors Valentin lui coupe la parole, dévalorise sa réflexion, regarde ailleurs, inspecte la propreté de ses ongles, se met à siffler ou change de conversation…

C'est du « double-bind » : Manon est coincée. Qu'elle se taise ou qu'elle parle, elle est en faute. Silencieuse, elle est trop timide. Bavarde, elle est ennuyeuse…

Autre exemple de ces messages dits « paradoxaux ». Le Monsieur qui selon sa femme n'était pas un « foudre de guerre » annonce qu'il rentrera tard du bureau lundi. Désolé et inquiet, il demande à son épouse si ce contretemps ne la dérange pas. Elle répond « non, non » d'une voix mourante. Ses mots disent une chose et sa posture, son intonation, en disent une autre…

Une autre astuce particulièrement raffinée consiste à nous pousser dans un sens pour nous reprocher ensuite de l'avoir suivi. Ainsi, dans la vaste entreprise de démolition d'un pervers, personne n'est épargné et surtout pas les « amis ». Les uns sont stupides, les autres nous veulent du mal. D'autres encore sont « intéressés »… De ce fait, nos relations se réduisent comme une peau de chagrin. Nous n'osons plus inviter les importuns, mais un jour nous entendrons : « Ma pauvre chérie, tu n'es même pas capable de te faire des amis… »

Cette forme de culpabilisation ne ressemble pas aux reproches ordinaires que nous pouvons adresser à nos conjoints : « Vraiment, tu aurais pu vider le lave-vaisselle… » La forme de culpabilisation des pervers brûle longtemps et s'étend à de nombreux secteurs de notre vie, en nous faisant croire que nous ne sommes jamais à la hauteur, toujours inadéquats. Manon craindra désormais de parler et… de se taire, non seulement devant Valentin, mais dans de nombreuses autres occasions.

DÉBOUSSOLER, TERRORISER ET RENDRE DÉPENDANT…

Pourtant, ne croyons pas que nos pervers soient de perpétuels monstres froids. Il leur arrive de se confondre en excuses pour des fautes… mineures. Ils pourront même se montrer d'une merveilleuse compréhension le jour où nous nous sentirons plus bas que terre. Un matin nous serons au pinacle et le lendemain traînés dans la boue, mais quels jours exactement ? Si encore le mouvement de balancier était prévisible. Mais non, le but est de créer la terreur qu'engendre l'imprévisibilité, de nous maintenir dans l'état de celui qui ne sait pas où se niche le tireur embusqué et qui ignore d'où et à quelle heure il va tirer…

Personne n'a mieux décrit ce principe de la douche écossaise que Frédéric Tristan dans son remarquable roman : *Le Dieu des mouches.* Quand Alexandre épouse Élisabeth de vingt-sept ans sa cadette, il « occupe des fonctions politiques » et disparaît des jours et des nuits entières. Quelques semaines après le mariage, la jeune femme explique dans une lettre à son amie Alice qu'ils n'ont pas encore pris un petit déjeuner ensemble, ni partagé leur lit. Elle n'est même jamais entrée dans sa chambre (mais à l'instar de Barbe-Bleue, il laisse la clef sur la porte) et n'a été présentée à aucun de ses amis…

Alexandre la fait vivre dans l'attente de sa personne, de ses regards et de ses permissions. Il s'absente, annonce son retour, ne vient pas, revient, lui accorde quelques minutes et la fait raccompagner à sa chambre puis, premier coup de théâtre ! décide un jour de se consacrer à l'étude, chez lui. Le Dieu des mouches impose alors ses horaires, son sens de l'économie, son emploi du temps. Pour décontenancer sa femme, il lui arrive même de se montrer vieux, sale et pitoyable.

Le but est d'entretenir le trouble et la confusion, de provoquer l'amour mais aussi la haine. Il pousse Élisabeth dans les bras du majordome et mène le vice jusqu'à mettre en scène sa mort. Jusqu'au second coup de théâtre de sa résurrection. On croirait *Les diaboliques*, le film de Henri-Georges Clouzot qui semblait répondre à cette question : « Comment rendre l'autre fou et le faire mourir de terreur ? »

Dans la vie aussi, la perversité désarme la logique et l'équilibre. Certains matins, Pablo appelle Myriam en urgence. Elle est sa muse. Il a besoin d'elle pour peindre. C'est vital ! Elle sort vivement du lit, se douche, s'habille, se poudre à peine le nez et arrive sur les chapeaux de roues, mais il est trop tard. Il ne veut pas lui ouvrir. Il n'a plus besoin d'elle. Elle peut rentrer ! »

Myriam a attendu un premier bébé avec beaucoup d'appréhension. Il le lui avait suffisamment répété : « *Je ne suis pas un homme de couple !* » Le connaissant, elle était persuadée qu'il allait l'envoyer promener. Mais non, quand elle lui annonce sa grossesse, il a la larme à l'œil (car la gentillesse est aussi un moyen de déstabiliser). « *C'est la première fois qu'une femme me fait un enfant* », affirme le futur père ému en mentant effrontément. Myriam est décontenancée, agréablement surprise. Enfin quelque chose va pouvoir se construire avec son infernal Andalou. Un peu plus tard, il glisse dans la conversation : « *Mais ce n'est tout de même pas un enfant qui va décider de notre couple...* »

Il laisse entendre qu'il ne veut pas être papa. Sans le dire explicitement, il la pousse à une interruption volontaire de grossesse.

Mais quelques mois plus tard, il lui demande un enfant. Il a envie de fonder une famille. Ils seront tellement heureux à trois. Il semble tellement convaincu que Myriam commence à rêver d'un mariage en blanc, avec toutes les « ex » réunies dans l'église, tandis qu'elle seule serait la Reine, l'Élue du grand homme, celle qui aurait réussi à s'en faire véritablement aimer.

Le jour où elle a les résultats du test de grossesse, elle lui téléphone toute fière de lui annoncer la nouvelle :

– Je suis enceinte !

Il est glacial :

– Et tu comptes faire quoi ?

– Mais, mais… tu m'avais dit…

– Maintenant, c'est différent !

Bien sûr, Myriam aurait dû le quitter. Mais le rythme de la douche écossaise crée une dépendance. Il nous maintient dans l'attente, le doute, l'incertitude et l'incompréhension. Nous voulons absolument comprendre qui est cet homme (cette femme) et pourquoi, entre nous, ça ne marche pas.

Qu'avons-nous fait de mal ? Qu'est-ce qui ne va pas dans sa tête ou dans la nôtre ? Avons-nous rêvé ou bien entendu ? Souffler le chaud et le froid nous accroche à la relation car on tient les gens aussi bien par l'amour que par l'angoisse. Nous nous fixons à cet amour, en cherchant à comprendre. Il est là, le piège, car il n'y a rien à comprendre si ce n'est la volonté de détruire.

Au lieu de prendre des distances salutaires, nous nous accablons.

Cette mauvaise relation est de notre faute, pensons-nous. Comme ils ont bien réussi, nos pervers narcissiques, à ébranler les fondations de notre confiance en nous, en jouant au yo-yo avec nos sentiments, en étant tantôt proches, tantôt lointains. Comme ils ont bien réussi à nous culpabiliser par leurs réactions imperceptiblement hostiles. Et pendant combien de nuits sans sommeil avons-nous retourné la situation dans tous les sens, en pensant que cet amour se délitait par notre faute ? Nous n'aurions pas dû poser toutes ces questions. Nous n'aurions pas dû faire l'amour tout de suite, dès le troisième soir. Nous n'aurions pas dû téléphoner si souvent, et surtout, nous n'aurions pas dû avouer que nous les aimions si fort.

Nous finissons par devenir la proie de tourments obsédants : « Et pourquoi il a dit cela ? Et pourquoi il a fait cela ? Mais j'ai rêvé ou quoi, il a bien dit cela… » Nous revisitons sans cesse les faits, les gestes, les mots… pour comprendre, et quand nous croyons avoir compris, un nouveau coup de théâtre affectif arrive à point nommé pour chambouler nos certitudes.

Nous rendons l'amour responsable de cette dépendance. Mais ce n'est pas de l'amour, c'est de la peur. Nous confondons ces deux émotions fortes. « *Je ressentais de la peur, de l'émotion, une tension que je prenais pour de l'amour. Il me privait de lui, donc j'étais en demande comme quelqu'un qui a faim et à qui on a promis un gâteau…* » explique Myriam.

Au bout de quatre ans, elle a fini par décrocher. D'une minute à l'autre. On sait que les pervers appréhendent le contact physique et que leur manière de faire l'amour, apparemment savante, est froide, technique, « sportive », constate Myriam : « *Il utilisait son sexe comme un butoir.* » Toujours dans l'optique de rabaisser et de déstabiliser, ils sont un jour en plein acte amoureux quand Pablo s'exclame brutalement :

– Mais tu pues !

« *J'ai ressenti une humiliation atroce,* raconte Myriam, *et là je me suis dit que c'était fini. Qu'il fallait que je me désintoxique. Je l'ai regardé et soudain, je n'ai plus rien éprouvé. Je n'étais plus jalouse. Il pouvait avoir des milliers de nanas, je m'en foutais. J'acceptais l'absence de couple, l'absence de bébé. Je n'étais plus jalouse. Cet homme n'avait plus aucune prise sur moi. Je sentais un poids de quinze tonnes libérer mes épaules. Je le voyais tel qu'il était : paresseux, dépressif, intéressé, mégalomane, sadique et je n'éprouvais plus aucune envie de l'aider ni de lui "apprendre à aimer". Il pouvait rester tel qu'il était, où il était, ce n'était plus du tout mon affaire. J'étais guérie. J'étais en paix. Pablo ne pourrait plus jamais me faire de mal.* »

L'INDISPENSABLE NOTION DE HARCÈLEMENT…

Néanmoins, il manque au tableau la description du harcèlement moral. Certains conjoints sont versatiles, humiliants, dominateurs et incapables d'aimer sans être des pervers. Le pervers, lui, est un chasseur qui travaille au meurtre psychique de sa victime, une victime qu'il ne lâche pas. Chaque acte, chaque phrase relève d'une stratégie que Marguerite Duras résumait par une expression qui servit de titre à l'un de ses romans : *Détruire dit-elle…*

D'une manière ou d'une autre, les coups pleuvent sans interruption, si bien que la perversité d'un conjoint se reconnaît surtout aux symptômes de sa victime : anxiété, dépression, insomnies, dépendances, anorexie-boulimie, maladies psychosomatiques, accidents, etc. Et sur le plan psychologique : confusion, mal-être, perte de confiance en soi, doutes, envie de mourir…

Avant de rencontrer un pervers, on a une claire conscience de soi, du sens de sa vie, de ses relations avec les autres. Après, on ne sait plus qui on est. On ne peut plus faire confiance. Toutes nos certitudes sur l'amour, l'amitié, les relations humaines volent en éclats. Nous nous sentons seuls, lâches, sales et mauvais.

Car le suprême plaisir du pervers est de transformer un doux en violent, un pur en pervers, un confiant en jaloux, un pacifiste en assassin, un homme ou une femme équilibré(e) en suicidaire…

Un film récent intitulé *Trois-huit*, de Philippe Le Guay, montrait à merveille cette volonté de corrompre, de démolir, de souiller. Il raconte l'histoire d'un ouvrier, brave type ayant une femme et un fils sympa. C'est sa première nuit à l'usine et aussitôt l'un de ses collègues « le cherche ». Il est d'ailleurs connu pour ses petites et grosses vexations. Gentil, bienveillant, heureux de vivre, « le nouveau » ne veut pas faire d'histoires. Selon les moments, il prend les humiliations à la rigolade, ou par le refus, ou avec dignité, mais sans jamais se plaindre aux autres : c'est un type bien. Comme beaucoup de victimes, il a l'illusion de croire que cette violence, cette haine pourra se dissoudre dans l'amitié, la bienveillance…

Mais l'autre poursuit son œuvre, passant tour à tour de l'intimidation à la main tendue. Il se prétend même son ami en lui confiant ses soi-disant soucis. Il lui extorque un prêt, s'attache son fils, s'en prend à sa femme qui l'envoie promener…

Imperceptiblement, le nouveau est pris au piège et ne sait plus comment s'en sortir. Il ne veut pas démissionner. Il ne veut pas créer de conflits, tout en ayant des idées de meurtre ou de… suicide. Il perd progressivement son estime de soi. Il ne se sent plus un homme. Il n'est plus sûr d'être un bon père. Plus sûr de mériter sa femme. Il se sent minable. Il devient agressif, lui qui était l'homme le plus gentil du monde. Il est déboussolé et surtout, il ne sera plus jamais comme avant. Comme s'il avait rencontré le diable. Il ne peut plus avoir totalement confiance, ni en lui ni en personne. Il ne sait plus qui il est, ni qui est vraiment qui. Il ne peut plus se sentir nulle part en sécurité. Qui sait si dans untel ou untel ne se cache pas un autre fou prêt à le torturer ? Comme Myriam, il pourrait dire : « *Cette histoire a détruit l'enfant en moi, le côté naïf. Je suis devenu méfiant, presque parano…* »

Au sein du couple, ce harcèlement passe par des absences, des silences, suivis d'un excès de contrôle et de présence. Pablo et Myriam pouvaient rester enfermés trois jours de suite dans l'atelier du peintre, puis ne plus se voir : ils n'étaient pas un couple. Le téléphone (et les silences du téléphone) sont de formidables outils de contrôle. De même, le contrôle systématique des dépenses épluchées dans les moindres détails et toutes à justifier avant d'être critiquées. Tout est toujours trop cher ! Contrôle aussi des horaires et des allées et venues. On dit que les femmes sont plus fréquemment battues (violence morale et violence physique sont étroitement liées) le vendredi soir parce qu'elles font les courses et peuvent, à cause d'un contretemps, avoir cinq, dix minutes de retard sur l'horaire prévu :

– Avec qui as-tu été traîner ?

« *Je n'avais pas le temps de m'occuper de moi. Je ne savais plus ce que je pensais, ce que je voulais, ce que j'aimais. J'étais sous pression constante* », se souvient Myriam.

Toutes ces méthodes visent à tenir son conjoint en laisse, afin de le modeler comme de la pâte et de pouvoir l'enfermer dans une sorte de prison invisible. Souvent, les pervers, sous divers prétextes, coupent leur victime du monde extérieur, préférant que leur femme ne travaille pas, intriguant pour que les amis, la famille se détachent, telle cette femme racontant aux amis du couple que son mari (le « foudre de guerre ») rouspétait à chaque fois qu'il était question de venir chez eux :

– Si ce n'était que moi, je viendrais volontiers, mais il y a Pierre…

Procéduriers et sans aucun scrupule, les pervers ne reculent devant aucun coup monté, aucune bassesse, aucun abus de confiance, n'hésitant pas à utiliser parents, amis, enfants pour s'en faire des alliés. Dans la série des histoires sordides, voici celle d'un homme qui, pour se venger de son ex-femme, « apprend » à leur petite fille de deux ans à se caresser avec une bouteille. Mais il se garde bien de l'abuser lui-même ! Le but est que la mère aille porter plainte au commissariat. Ainsi, son avocat pourrait l'accuser de vouloir discréditer le père pour le priver de ses droits parentaux. Élisabeth, la mère, est coincée : ou elle perd sa fille en le dénonçant (il n'y a aucune preuve d'abus) ou elle la laisse voir son père, sachant qu'il lui fait subir de graves traumatismes…

Pourquoi se laisse-t-on prendre ?

Si tous les assassins avaient la tête de l'emploi, la police se tournerait les pouces, et si tous les pervers annonçaient la couleur de leurs intentions, personne ne se laisserait piéger dans les entortillements de leurs sinistres filets. Comme ces criminels au visage d'ange, ils sont apparemment inoffensifs et bourrés de bonnes intentions. Lors des premières rencontres, ils nous repèrent, nous étiquettent « proie possible » et… nous ouvrent les bras. Souvent, ils sont sympathiques, chaleureux, attentifs et tellement disponibles à la relation que – malgré un inexplicable malaise –, nous sommes séduits. Au point de les trouver « rares ».

Ils disposent d'une autre arme, très efficace, qui consiste à se poser en victimes. Selon un renversement de proposition bien connu, ils prêtent aux autres tout le mal qu'ils font subir. Ainsi, Yves était tellement à plaindre que Sara l'a pris en pitié. Comprenez : son ex n'avait pas su l'aimer. Elle avait pris les enfants. Elle avait pris la maison. Elle avait pris son argent. Elle était le diable en personne, celle qui l'avait maltraité, méprisé… Passionnément, nous prenons leur défense. Les pauvres ! Ils peuvent compter sur nous pour savoir les aimer de tout notre cœur, avec intégrité.

Une troisième arme possible est leur « moi grandiose ». Que leur auguste personne daigne porter un regard sur notre modeste personne nous remplit de fierté et de bonheur. Eux, grand intellectuel, grand artiste, grand quelque chose… Elles déesse, séductrice, divine courtisane… s'abaissent à nous tendre la main et ils entendent bien que nous en soyons flattés. S'ils le font à un moment où notre estime de soi est au plus bas, ébranlée par le chômage, une déception amoureuse, ou encore si nous appartenons à la cohorte des humbles, des petits, des sans grade, alors nous pourrons – tels des adeptes de sectes adorant leur gourou – nous sentir promus et frôlés du bout de cette « cape des dieux » dont ils se croient parés.

Notre humilité est la porte ouverte à leurs abus. Moralisateurs, supérieurs et distants, ils se posent comme étalon mesure du bien et du mal. À l'image des dieux grecs de l'Antiquité, bons ou cruels selon leur fantaisie, ils frappent ou caressent selon leur bon vouloir en engendrant ainsi la frayeur et la confusion. Ils semblent faire et défaire notre destin, nous conseillant un jour de devenir ceci, un autre de devenir cela… « Je suis l'auteur et tu seras le drame », lance le prêtre à sa proie dans *Splendeurs et Misères des courtisanes*, un roman de Balzac. Comme un créateur suivant le gré de ses caprices, le pervers invente de nouvelles valeurs ou organise une course en déplaçant sans cesse le poteau d'arrivée. Il nous mythifie aussi en nous faisant croire, par exemple, qu'il est anormal de leur demander à quelle heure ils rentreront, avec qui ils ont déjeuné :

– T'es de la police ou quoi ?

Ils jugeront « déplacé, dégradant » de vouloir de la tendresse, de l'amour, un échange… toutes choses si « triviales ». C'est au nom de cette soi-disant supériorité qu'ils édictent toutes ces règles arbitraires servant à nous prendre en défaut, nous qui devrions nous employer à devenir « parfaits », c'est-à-dire exactement comme ils l'entendent : « *Quand on est marié, on ne va plus au bistrot, on ne joue plus au foot avec ses copains, on est responsable, on gagne beaucoup d'argent mais…. on reste à la maison pour s'occuper des enfants, aider sa femme à porter ses paquets, aller bricoler chez sa belle-mère, etc.* » prétend, selon les moments, la « délicieuse » épouse du « foudre de guerre ».

Pour échapper au système pervers, il faut tenir à ce que l'on est avec la légèreté et la fermeté d'une parole de Prévert : « Je suis comme je suis/Je suis faite comme ça… »

Et démonter cette mégalomanie qui prétend même nous connaître mieux que nous ne nous connaissons nous-mêmes : « *Moi qui te connais par cœur. Moi qui sais qui tu es. Tu es transparente. Je vois à travers toi…* » affirmait Pablo. « *Comme nous nous connaissons très mal, nous finissons par y croire en pensant qu'il s'agit d'une rencontre qui nous révèle* », commente Myriam.

Le psychanalyste Jung écrivait que « l'envers de l'amour n'est pas la haine mais le pouvoir ». En effet, méfions-nous de tous ces êtres au « moi grandiose » qui ont une fâcheuse tendance à l'abus de pouvoir, à l'écrasement, à la toute-puissance. Leur certitude de détenir la Vérité, de savoir où est le Bien et le Mal nous conduit nécessairement à nous rabaisser au rang de pauvres créatures : « *Il me laissait des heures assise à le regarder peindre. Il ne me touchait pas, ne me regardait pas, ne me parlait pas. Il me remettait dans une position de petite fille. Il a raison, me disais-je, je suis nulle !* », constate Myriam, la victime de Pablo peintre génial et maudit.

CHANGER DES REINES EN SERPILLIÈRES…

… des rois en paillassons. Les pervers aspirent à faire de nous « leur chose » non pas à la hausse à la manière de Pygmalion, mais plutôt à la baisse à la façon du diable, ange déchu nous entraînant dans sa chute. L'objectif, en effet, consiste à nous dépouiller de tout ce qui en nous était beau et bon, c'est-à-dire nos qualités humaines, morales, relationnelles et créatives, autant de talents que ces monstres froids nous envient. Ils ont gagné la partie quand notre joie de vivre est morte, quand ils ont fait de nous des êtres pitoyables : « *J'étais sa mère, sa pute, sa serpillière, son infirmière* », constate Myriam. Quand leur enchevêtrement de croyances, de culpabilisations, de pseudo-vérités nous mène à l'indignité. « *Je n'avais pas le droit de décrocher son téléphone. Un jour, il m'en a donné l'autorisation et je me suis sentie très fière de cette promotion…* » Comme il mentait effrontément sur les nombreuses maîtresses qu'il continuait de voir et comme il jouait sur sa jalousie en lui faisant écouter de faux messages sur son répondeur, Myriam, honteuse mais décidée, entreprenait de fouiller dans ses affaires : « *Je pensais qu'au fond de moi, j'étais une pute puisque je portais des jarretelles et des bas. Que j'étais superfi-*

cielle puisque je ne pensais plus qu'à mes petites jupes. Que j'étais une carpette puisqu'il me traitait plus bas que terre. Et aussi une jalouse, une mauvaise puisque je ne pensais plus qu'à me venger… Je ne me rendais pas compte que ces failles, ces "tares" étaient fabriquées de toutes pièces par son comportement. Je pensais qu'il s'agissait de mon "moi profond et inavouable". Or, ce n'était que de légitimes réactions de survie face à sa violence, sa haine et ses humiliations… »

Les pervers souffrent-ils autant que nous ? Souffrent-ils même tout court ? Nous nous sommes accrochés à cette relation en les plaignant : eux-mêmes, pensions-nous, avaient dû beaucoup souffrir pour nous faire souffrir à ce point. « Non, ils ne souffrent pas, répond le docteur Hirigoyen. Si souffrance il y a, ils s'arrangent pour la déposer dans un autre nid. Ils s'en débarrassent sur leur proie et sans aucune culpabilité car tant qu'ils font souffrir, eux-mêmes ne souffrent pas. »

La littérature spécialisée les décrit comme des êtres glacés, insensibles à la douleur physique mais aussi à la douleur morale. D'une froideur extrême, ils seraient incapables d'éprouver ce phénomène de deuil qui frappe toute personne abandonnée, par exemple. Si on les observe bien, on s'aperçoit qu'ils ressentent une forme de colère et de ressentiment, mais jamais de chagrin. Quand leur victime, enfin lassée, échappe à leurs griffes, soit ils la poursuivent en la harcelant encore davantage pour le plaisir de la chasse, soit ils l'oublient aussitôt.

Des victimes sous le choc

Le tort des victimes est de croire au pouvoir de l'amour, de la bienveillance, de la bonté. Ainsi espèrent-elles adoucir les pervers qui, au contraire, se raidissent comme si nos qualités manifestes servaient à souligner leurs manques. Cette générosité, cette gentillesse décuplent au contraire leur haine comme autant de preuves de notre supériorité sur eux. Autrement dit, plus nous sommes adorables, plus leur férocité relationnelle augmente.

L'autre tort des victimes est de vouloir « comprendre » ce qui échappe à toute logique autre que celle de détruire. Elles cherchent des explications relationnelles, se demandent ce qu'elles ont fait ou pas fait, ce qu'elles auraient dû faire ou pas alors que le processus est autonome. Il n'a rien à voir avec elles. Au bout du compte, elles se sentent flouées comme quelqu'un qui viendrait de subir une escroquerie. Traumatisées, elles éprouvent un sentiment d'impuissance, de défaite, d'inutilité : elles ont été chosifiées…

Comment on en sort ? Libéré et démoli. Car cette violence porte un coup terrible à l'identité. Les victimes se rendent compte après coup qu'elles ont été traitées, non pas comme des êtres humains dignes de respect, capables de souffrances et de sentiments, mais comme des « choses » que l'on peut bafouer, intimider, abuser… Et la honte qu'elles en éprouvent crée un sentiment de solitude terrible : à qui en parler ?

La fréquentation d'un pervers démolit aussi la confiance que nous avions en l'être humain, que nous avons tous besoin de croire bon. Nous avons approché le diable. Nous savons désormais que l'homme est parfois destructeur pour l'homme. Ce n'est pas tout, la violence nous a confrontés à une partie de nous-mêmes qu'on ne veut pas connaître. Pacifistes, nous sommes devenus violents. Généreux, nous sommes devenus mesquins. Dignes, nous sommes devenus misérables… Nous avons découvert en nous des sentiments humains qui nous ont fait horreur, et c'est un choc de plus.

Le sens commun suggère d'oublier. Impossible, répondent les psys qui proposent plutôt de recoller les morceaux de notre identité en miettes.

Quel que soit le parti pris, essayons de tenir le journal intime de la relation afin de ne plus douter et de mettre en déroute leur mauvaise foi. Ainsi, nous verrons bien que nous ne rêvons pas ! Sous-entendus, petites phrases, dénigrements ont bien eu lieu : nous les avons consignés noir sur blanc et au fur et à mesure. Autre précaution : n'écrire aucune lettre qui, ensuite, pourrait nous compromettre. Et ne rien dire sur nos amis ou notre famille qui ne pourrait leur être répété… Il ne s'agit pas de paranoïa mais de précautions élémentaires car, dans la rupture, tout sera retenu contre nous. Enfin, si nous avons des enfants, faisons-les suivre par la PMI (Protection Maternelle et Infantile) ou dans un dispensaire : pour les protéger psychologiquement parlant, mais aussi pour nous prémunir. En effet, soyons certains que nos conjoints, s'ils sont véritablement pervers, feront tout leur possible (y compris le pire) pour obtenir la garde de nos enfants communs. Et nous faire déchoir de nos droits parentaux.

Chapitre IX

Les personnalités violentes…

Les femmes sont-elles capables de violence ? Évidemment et même (surtout ?) les plus douces, les plus amoureuses.

Depuis quinze ans, Valentine aime passionnément son Arsène. Ils étaient tous les deux mariés lorsqu'ils se sont rencontrés. À peine l'a-t-elle vu professer du haut de sa chaire de philosophie qu'elle est devenue dévote, irrémédiablement. Ils ne vivent pas ensemble parce qu'ils sont aisés, parisiens, sans enfant, très indépendants l'un et l'autre et qu'ils veulent se revoir chaque soir « comme si c'était la première fois ». Quand ils se retrouvent, ils se reçoivent chez l'un, chez l'autre, si bien que leur amour a gardé la même force, le même désir.

Valentine affirme que son Arsène lui a tout appris, tout apporté. Il est son air, sa référence, son Amour. Sans lui, elle ne pourrait pas vivre et… réciproquement. Bien qu'il ait plus de réserve, sa manière de la regarder, de prononcer son nom avec gourmandise, de prendre sa défense même si personne ne l'attaque, en dit long sur la force du lien qui, tous deux, les unit.

Mais l'homme est séduisant. Il plaît aux femmes et… les femmes lui plaisent. Le jour où Valentine, petite brunette aux cheveux courts, découvre sur l'oreiller d'Arsène un long cheveu blond, elle saute du lit comme un diable jaillit hors de sa boîte et entre en transe. Du haut de son mètre quarante-huit, elle le somme de s'expliquer, se met à hurler, menace de partir et, le voyant sans réaction (la cruelle tactique du mur de pierres), lui balance à toute volée une gifle retentissante, qui la laisse aussi étonnée que lui…

Les violences de situation

C'est à dessein que ce chapitre commence par une grande et belle histoire d'amour et une gifle de femme. Pour montrer que la violence de situation n'a rien à voir avec le sexe de celui qui l'inflige. Certains tempéraments de feu, pris au cœur d'une tourmente amoureuse, peuvent lancer un cendrier à la tête d'un « traître » ou donner une gifle, voire casser un bras…

Quand on interroge les gens autour de soi, on est extrêmement surpris de constater que presque tous ont vécu au moins une ou deux scènes de violence physique, en particulier au moment d'une rupture. Un avocat raconte volontiers dans les couloirs du Palais comment est née sa vocation de pénaliste. Il était étudiant et sortait avec une jeune fille depuis deux ans. Ils partent en vacances dans le Sud de la France et lui doit rentrer à Paris pour préparer septembre. Il la laisse donc seule à l'hôtel.

Très amoureuse, semble-t-il, elle lui laisse des messages téléphoniques éplorés, lui écrit une lettre passionnée. Bref, il lui manque terriblement. Aussi décide-t-il de lui faire une surprise et d'aller la rejoindre sans rien dire. La mère du futur avocat a beau lui suggérer que l'idée est mauvaise et qu'il devrait prévenir… il n'en tient pas compte et prend la route, monte directement à la chambre. La porte n'est pas fermée à clef. Il entre. Elle dort encore. Il l'embrasse, la caresse pour la réveiller et elle sursaute :

– Qu'est-ce que tu fous ici ?

Elle paraît très contrariée, presque mécontente. Elle

reste froide et distante. Puis, vers onze heures, va prendre sa douche, enfile une robe ravissante et très décolletée, s'installe devant sa coiffeuse et commence à se maquiller avec soin.

– Qu'est-ce que tu fais ?

– Tu vois, je me prépare.

– Et tu te prépares pour quoi ?

– C'est pas compliqué à comprendre, j'ai un rendez-vous…

À ce stade de la « conversation », le futur avocat voit rouge. Il s'approche de sa petite amie, lui passe les deux mains autour du cou et commence à serrer, serrer… Pour un peu, il l'aurait étranglée. Tellement choqué par cette violence surgie de quelque part au fond de lui, il reprend la route. Ils sont restés ensemble quelques mois encore puis se sont séparés, bons amis. Vingt ans plus tard, ils se revoient mais ne reparlent jamais de cette scène qui a fait du jeune homme un criminel en puissance et… un pénaliste très compétent.

De quoi sommes-nous capables dans des situations extrêmes ? Bienheureux ceux qui se sentent à l'abri du pire. Peut-être ceux-là n'ont-ils jamais été passionnément amoureux ou n'ont-ils jamais été passionnément nargués. Car force est d'observer que la tactique du mur de pierres d'Arsène était une provocation (qui n'excuse pas la gifle mais qui l'explique), de même que le décolleté plongeant et les airs de mystère de la coquette de l'hôtel du Sud. Évidemment, ce n'était pas une raison pour l'étrangler, mais à une situation paroxystique il a répondu par un geste paroxystique.

Qu'on se rassure, Valentine et l'avocat n'ont plus jamais porté la main sur quiconque. Tous les deux ont des gestes lents et la voix douce. Comme si leur propre violence leur avait fait tellement peur que, désormais, ils s'en méfient et la tiennent en respect.

Auteurs de violences ou personnalités violentes ?

Tout ceci pour arriver à une distinction essentielle observée par Alain Legrand qui est psychologue, spécialisé dans le traitement des hommes violents et président de SOS Violences familiales, une association qui veut lutter contre toutes les violences. Cette distinction consiste à bien séparer « les auteurs de violences des personnalités violentes ».

Comme Valentine et l'avocat, vous et moi pourrions être auteurs de violence dans des circonstances exceptionnelles. En revanche, les personnalités violentes sont des volcans dont la colère, toujours en activité, gronde en permanence de manière plus ou moins sourde. De plus, les explosions, quand elles ont lieu, relèvent plus d'un processus interne qu'externe. Ce ne sont pas les personnes ou les situations qui font sauter leur bouchon de lave, mais une force intérieure indépendante des circonstances et même de leur propre volonté.

Cette violence constitutive de leur personnalité s'exprime par tous les pores de la peau. Car les coups, comme on l'imagine, ne sont pas précédés de caresses et de compliments. La violence physique est alors étroitement liée à la violence psychologique. La seconde précède, prépare, accompagne, succède à la première. De l'injure au geste, de « Salope ! » à… « Prends ça ! », le pas est minuscule et vite franchi. Frapper n'est pas leur unique manière de terroriser. Leurs sarcasmes, leurs exigences, leur jalousie et jusqu'à leurs silences… contribuent à créer une insupportable tension. Les proches ont les nerfs à fleur de peau. Ils sentent que, dans l'ombre, la violence est toujours là, prête à bondir et à tout ravager sur son passage. De ce fait, on ne nargue pas, on ne provoque pas une personnalité violente, on ne la « cherche » pas : on la craint et on la subit.

Les femmes victimes qui appellent le service d'écoute nationale « Violences conjugales. Femmes Infos Service» décrivent bien ce climat de terreur. Celle qui parle ce lundi matin, après avoir passé un week-end affreux, semble parfaitement équilibrée. Elle a la voix calme et claire et elle raconte calmement ce drame qu'est sa vie :

« *Je vis avec un homme qui a des démences. Pendant huit ans, il lui est arrivé d'être agressif à l'extérieur mais avec moi, jamais. Encore moins avec les enfants. Or, depuis trois semaines, ça ne va plus du tout. L'autre jour, il a arraché les portes de l'armoire, renversé la télé... Nous sommes restés pétrifiés. Après, il est allé jouer du couteau dans un café. Ce matin quand je me suis levée, il était dans le couloir. J'ai allumé la lumière pour prendre les vêtements des enfants et il est rentré dans une colère folle à cause du bruit. Je voyais bien qu'il cherchait tout le monde à son lever...*

On ne voit plus de copains. Pas de coups de téléphone. J'ai perdu énormément d'amis parce que j'ai peur de les mettre en danger. Il peut être violent avec n'importe qui et pour n'importe quoi. Je suis comme dans Jamais sans ma fille *: cette maison est devenue une prison...*

Il y a trois semaines, il a interdit à notre aînée d'aller chez une copine. J'ai pris la défense de la gamine. Il m'a fracassé la mâchoire en hurlant :

– Ferme ta gueule. T'es avocate ?!

C'était le premier coup de ma vie. Dans ma famille, je n'avais jamais reçu une gifle. C'était l'horreur et devant les enfants ! J'ai eu neuf jours d'ITT (invalidité temporaire de travail). Il est dangereux. Il a toujours eu de l'arrogance, mais maintenant il débloque. Surtout quand on n'est plus à ses pieds. Lorsqu'il s'y met, il est fou, capable de tout. Même de meurtre. »

Il suffit d'écouter pendant une matinée les témoignages et les appels qui arrivent à « Violences conjugales. Femmes Infos Service » pour balayer tous les poncifs et cesser de penser que nous, dans leur cas, aurions été bien plus malignes : nous serions « parties à la première gifle ». Cette jeune femme, appelons-la Nelly, n'a reçu le premier coup qu'après huit ans de vie commune. Croit-on qu'il soit si facile de prendre ses valises et ses enfants sous le bras quand on a aimé, quand la violence est récente, quand les deux filles travaillent très bien en classe et en ayant la certitude qu'il est capable de s'en prendre aussi à sa mère, une vieille dame de quatre-vingt-six ans ?

Pas de trace de masochisme non plus chez cette femme de trente-six ans qui s'est très bien accommodée jusqu'à trente-cinq ans de vivre avec un homme certes autoritaire, mais qui n'avait pas de « démences » et qui jusqu'ici ne la frappait pas. Prédestination familiale ? Elle semble avoir grandi entre deux parents « très gentils » dit-elle, qui n'ont jamais levé la main sur elle. Si violences il y avait, elles étaient plus souterraines que manifestes. L'alcoolisme ? Son compagnon n'a pas besoin de boire pour sortir de lui-même. Et le milieu ? Elle commerçante, lui employé municipal, une maison confortable avec un jardin, camping l'été, ski l'hiver…

Les personnalités violentes se recrutent dans toutes les catégories sociales : « La violence concerne tous les milieux sociaux, ce qui change, c'est l'épaisseur des murs », constate Maryse Jaspard qui est sociologue et démographe à l'INED (Institut national des études démographiques). 10 % des femmes battues sont des cadres supérieurs…

Ces personnalités dangereuses existent dans les deux sexes mais dans de bien moindres proportions chez les femmes : 10 % des victimes de violences sont des hommes… Sans doute (c'est une première explication) parce que les réactions à la dépression varient d'un sexe à l'autre. En général, les hommes agressent. Les femmes dépriment ou s'autodétruisent. Sans parler évidemment de la force physique, inégale.

La spirale de la violence

Intrinsèque, l'agressivité est palpable dès le début de la relation mais elle met du temps à devenir physique. Elle est d'abord psychologique, et modeste, une exigence par-ci, une remarque par-là, le tout sur fond d'amour et de tendresse car, souvent, les hommes violents aiment « leur Princesse ». Ils l'adorent, la déifient, l'ont dans la peau. Ils ne peuvent pas vivre sans elle.

La violence est une forme de spirale infernale dans laquelle la relation s'enfonce progressivement. Certains hommes ne se mettent à frapper qu'après deux, cinq, dix, voire vingt ans de mariage… « Pour partir à la première claque et prévoir ce qui va leur arriver, il faudrait que les femmes soient visionnaires », constate Maïté Albagly qui a dirigé « Femmes Info Service » jusqu'à début 2001. Il faudrait que nous ayons la prescience du drame à venir, un drame qui se déroule généralement en trois phases souvent décrites par les psychologues.

Tout commence par des conflits de couple « normaux »…

Une dispute éclate à propos d'une assiette cassée, d'un verre renversé, de ce que l'un a dit ou fait quand il n'aurait pas dû… La scène de ménage est banale mais elle se résout mal. Notre conjoint, qui est un faible, est furieux de ne pas réussir à avoir le dessus. Il cherche à imposer sa loi. Mais comme nous savons nous défendre, comme nous avons de la personnalité et des arguments, nous répliquons. Cette manière de lui tenir tête, et avec des mots, le met hors de lui. Désormais, il va chercher à affirmer sa supériorité le plus souvent possible (et a fortiori s'il nous idéalise en nous prenant pour la plus belle, la plus intelligente, pour une femme trop bien pour lui…). Ainsi fusent les petites piques, les remarques, les observations qui nous rabaissent : le ménage est mal fait ! Dans cette robe nous avons l'air d'une souillon ! Même pas capables de lire un mode d'emploi, etc.

Par inexpérience (nous croyons que « tous les hommes sont comme ça »), en raison de notre passé familial (Papa parlait déjà à Maman un peu « brutalement »), ou parce que nous sommes habituées à nous prendre pour le sexe faible, ou encore plus probablement parce que nous sommes des femmes en or ayant bon caractère, alors qu'il faudrait dire au petit bonhomme qu'on ne nous parle pas sur ce ton, nous jouons le rôle de la compagne sympa qui ne fait pas d'histoires pour un oui pour un non, rien à voir avec ces hystériques… Puis, nous oublions.

Bien des années plus tard, nous nous souviendrons des « indélicatesses » et des vexations que nous n'avions pas voulu relever sur le moment :

– C'est vrai, il marchait toujours devant moi, très vite, en m'accusant de « traîner ».

– Je m'en souviens maintenant, comme je ne sortais pas assez vite de l'église le jour de notre mariage, il m'a poussée en avant. Je me suis rattrapée à ma cousine qui était interloquée. Moi, je n'ai pas fait attention. C'était le plus beau jour de ma vie.

« La violence a toujours existé dans la relation mais au début, elles n'ont pas voulu la voir. Très vite aussi, elles se sont crues coupables de ne pas être une bonne épouse, puis une bonne mère. Ne se sentant pas à la hauteur, elles ont intégré les causes de cette violence comme si elles étaient les coupables : c'est de ma faute, j'avais acheté du poisson en oubliant qu'il n'aimait pas cela…», explique Maïté Albagly.

Autrement dit, nous avons souffert du syndrome de la femme parfaite ouvrant ainsi les portes à tous les reproches, ceux que nous nous adressons et ceux qu'ils nous font. Nous avons essayé d'être irréprochables et, ce faisant, nous avons prêté le flanc à toutes les critiques. Comme elle fait plaisir la jeune Agathe, dix-huit ans, qui, s'entendant dire par son copain qu'elle a au moins cinq kilos de trop, lui rétorque aussitôt que, ne faisant aucun commentaire sur sa maigreur, elle est à prendre ou… à laisser, telle qu'elle est.

Bref, les personnalités violentes s'accrochent aux soi-disant faiblesses que nous nous reprochons. Ce sont ces armes-là, celles que nous avons nous-mêmes fabriquées en nous prenant pour des « nulles », qu'ils brandissent pour nous rabaisser, nous enfoncer et se donner l'illusion de leur propre supériorité. À leurs yeux – et aux nôtres – nous ne sommes jamais assez bien : ou trop mère ou trop femme et, quoi qu'il en soit, inadéquates.

À ce stade, la violence est devenue omniprésente : que nous téléphonions des heures, l'énerve. Que les enfants fassent du bruit, l'exaspère. Que nous ayons passé une si bonne journée, le met de mauvaise humeur. Que nous n'allions pas l'accueillir à la porte d'entrée, le contrarie…

Pour amadouer le volcan qui gronde en lui, nous téléphonons moins longuement à Maman, nous couchons les enfants avant son retour, nous ne parlons plus du bureau, nous l'accueillons à la porte d'entrée… Pour éviter les crises, nous mettons nos actes et notre âme en sourdine en sacrifiant ce qui nous restait de joie de vivre et de spontanéité. C'est alors que le premier coup arrive. Mais, explique Maïté Albagly, « il frappe une femme affaiblie qui n'est plus elle-même, qui est déjà prisonnière de la logique de son bourreau. Ses défenses sont amoindries. Elle n'a plus les mêmes forces pour réagir ».

Fin de la première phase.

Pardon, je suis désolé, je n'aurais pas dû…

La deuxième phase commence au moment où l'homme dépasse les limites tacites que nous nous étions tous les deux fixées. Nous voulions bien être commandées mais battues, jamais. Or il a frappé. Il a été trop loin, il a dépassé les bornes et il est d'accord. Nous sommes anéanties. Pour la première fois, nous pensons au divorce : cet homme est un fou, aucune femme n'accepterait une situation pareille. Si nos parents, nos collègues, nos amis savaient…

– *Pardon, je suis désolé, je n'aurais pas dû…* plaide le coupable qui paraît bourrelé de remords.

Mais à peine a-t-il reconnu ses torts qu'il ajoute :

– *Oui mais, tu sais bien que chaque fois que tu portes une robe moulante ça me met en rogne…*

Toujours le même jeu, il nous renvoie la faute en pleine figure mais cette fois-ci, mon bonhomme, ça ne marche pas.

– *Toutes les femmes portent des petites robes noires moulantes très tendance sans recevoir pour leur récompense un coup de poing dans les côtes !*

Voyant que la culpabilisation habituelle ne fonctionne pas, il passe au chantage affectif. Pour un peu, il se mettrait à genoux :

– *Sans toi ma Doudou, je meurs. Tu m'es indispensable comme le soleil qui me réchauffe, comme l'air que je respire, comme le pain que je mange et comme l'eau que je bois : ne me quitte pas !*

C'est pourtant vrai qu'il tient à nous comme à la prunelle de ses yeux. Personne ne nous aimera comme cet homme : il nous mange des yeux, ne regarde jamais une autre femme et serait capable de tuer pour nous garder ! De nous, en effet, il éprouve un besoin vital, mais comme un bourreau sans victime n'a plus sa raison d'être. Notre tort est de confondre aimer et avoir besoin de… Cet homme ne nous aime pas puisqu'il veut nous changer. Il est dépendant de qui il maltraite et c'est bien différent…

Mais il nous demande une seconde chance et nous la lui donnons d'autant plus volontiers qu'il tient ses promesses. Le volcan semble éteint. Il devient doux comme un agneau, attentif, prévenant… Enfin, nous retrouvons l'homme charmant, rassurant, protecteur que nous avons aimé.

Les psys désignent cette période de rémission du joli nom de « lune de miel ». Mises en confiance, nous nous reconstituons. Notre personnalité se recompose, nous recommençons à devenir nous-mêmes. Moins d'autocensure, nos défenses tombent et…

Fin de la deuxième phase.

L'enfer ici et maintenant

Lunettes noires, couche sur couche de fond de teint épais pour cacher les coquards et les bleus. Séjours à l'hôpital, main courante à la police, suivis de… rien. Et cette honte qui nous tenaille. Surtout, que personne ne sache, ni les parents ni les amis. Nous pensons d'abord à protéger les enfants. Pour le reste, nous continuons à nous taire et à encaisser en redevenant plus que jamais l'ombre de nous-mêmes. Profil bas. Pas un mot plus haut que l'autre. Ne plus voir personne, ne pas pleurer, ne pas parler pour ne pas éveiller les soupçons. De temps en temps, c'est trop dur, alors l'idée de partir en pleine nuit avec nos gosses et nos valises nous redonne du courage. D'autant qu'il lui arrive d'être gentil, quand il ne cogne pas.

Et puis partir mais pour aller où, chez qui ? Nous ne savons pas à quelles portes frapper. Un foyer pour femmes battues, quelle dégringolade ! La voisine ? Nous ne lui avons parlé que deux ou trois fois. Mais enfin, que s'est-il passé pour que nous en soyons arrivées là…

Une petite période de rémission et l'espoir renaît : il va comprendre. Il va changer. Un soir pourtant, c'est l'escalade. Il nous tire par les cheveux, nous colle au radiateur. Violence sexuelle, violence physique… Mon Dieu, donnez-nous la force de partir !

Une grossesse est un facteur aggravant. Le rapport du professeur Roger Henrion déjà cité révélait que les coups pleuvent encore plus souvent pendant la grossesse. 40 % des femmes battues avouent avoir subi des violences alors qu'elles étaient enceintes. D'ailleurs, les placentas praevia (une malposition les plaçant très bas dans l'utérus) seraient plus fréquents en France que dans d'autres pays et peut-être serait-ce dû à ces fameux coups de pied dans le ventre…

Un exemple, celui de Nadège. Elle n'avait jamais été battue par son mari. C'est le jour où elle lui annonce l'arrivée d'un second bébé – qu'ils souhaitaient tous les deux –, qu'il la projette contre un mur en lui donnant des coups de pied dans les côtes et devant l'aîné, à peine trois ans, qui hurle :

– Maman pas mal, Maman pas mal !

Que s'est-il passé ? « Pour une personnalité violente forcément immature, un bébé est un rival qui va usurper la première place », explique Alain Legrand. Nous ne pourrons plus leur être totalement dévouées. Nos hommes ne seront plus les rois. Avec cette naissance, il faudra bien qu'ils sortent de leur rôle d'enfant choyé. Il est temps pour eux de devenir mûrs et responsables. Est-ce la peur de ne pas être à la hauteur qui les affole ? À moins qu'ils ne craignent de reproduire sur l'enfant à naître, les mauvais traitements qu'eux-mêmes ont subis petits…

Malgré cette catastrophe, comment partir pour nulle part avec un minuscule bébé et un autre enfant à peine plus grand sur les bras et en gagnant 1 100 euros par mois ? Pour que la situation soit vivable, nous essayons de « positiver ». Il est tout de même travailleur et pas coureur. Il ne nous aime pas, il nous adore quand il ne frappe pas.

Et puis il ne faut pas exagérer : il n'est pas tout le temps violent. Si nous avançons profil bas, peut-être va-t-il se calmer. Une autre femme saurait certainement comment le prendre. Nous n'avons jamais eu très bon caractère… Mais… aïe ! Les périodes de rémission sont de plus en plus courtes, les périodes de violence de plus en plus longues, les coups de plus en plus forts : « Mon Dieu, donnez-moi la force de partir ! »

Qui sont les hommes violents ?

Les femmes violentées veulent croire, elles aussi, qu'il existe une « bonne manière de prendre » un homme violent. Secrètement, elles s'accusent d'être responsables et parfois d'avoir provoqué en ne disant pas ou en ne faisant pas ce qu'il aurait fallu (et même si elles le provoquaient, cela justifierait-il une épaule démise, un œil au beurre noir, une brûlure de cigarette sur la cuisse ?).

Or, dans la majorité des cas, les faits et gestes de la victime sont hors de cause. La violence répond à des pulsions autonomes qui n'ont rien à voir avec la réalité. C'est après coup que bourreaux et victimes cherchent des « raisons », car donner un sens à ces actes (commis ou subis) est toujours plus rassurant qu'une confrontation insensée avec des forces inconscientes et obscures qu'on ne s'explique pas…

Dr Jekyll et Mister Hyde, les violents cycliques

Ainsi, il n'existe pas de compagne (ou de compagnon) sur mesure pour les personnalités violentes. Elles sont mues par des pulsions irrépressibles qui les poussent à hurler, à cogner sans avoir besoin de contexte ou de prétexte. C'est du moins la thèse que développe Donald G. Dutton, dans son ouvrage remarquable, *La violence dans le couple*. Ses recherches ont porté sur sept cents « cogneurs ». Professeur de psychologie à l'université de Vancouver, il fut aussi l'un des experts vedettes au cours du procès O.J. Simpson.

À ses yeux, les hommes violents les plus dangereux sont sujets à des violences cycliques. Ils alternent brutalités et remords et ils ont deux visages, l'un est social et charmant, l'autre est terrifiant et réservé à la vie privée. De plus, les oscillations d'humeurs de Dr Jekyll et Mister Hyde n'ont rien à voir avec le comportement et la personnalité de sa femme. Donald G. Dutton analyse cette violence comme « un passage à l'acte lui permettant de préserver son intégrité et de retrouver sa puissance et sa cohérence interne »…

Mais laissons là la théorie pour l'éclairer par un exemple significatif. Carol et son mari sont invités dans une soirée et la jeune femme s'absente quelques minutes. Il commence à la chercher dans cette grande maison et ne la trouve qu'après un quart d'heure. Ils prennent congé, rentrent chez eux. Carol va se coucher. Lui dira par la suite n'avoir rien « ressenti de particulier » : il s'installe devant la télé…

Ensuite, il revoit sa femme gisant dans une mare de sang sur le plancher de leur chambre. Il suppose qu'il a dû la frapper, appelle la police mais affirme ne se souvenir de rien.

Carol en revanche se rappelle tout : elle était en train de

dormir quand son mari est venu la sortir du lit en la tirant par les cheveux. Il avait le visage déformé par un rictus qui lui donnait « une tête de poisson ». Il serrait les dents. Les mâchoires saillaient vers l'avant, ses yeux étaient exorbités. Il hurlait : « Salope ! Garce ! Putain ! » (les injures les plus fréquentes dans la bouche des « cogneurs »). Résultat : le nez brisé, deux dents cassées, deux côtes fêlées et deux mois d'arrêt de travail…

Certaines femmes ont affaire à des hommes enragés dont la violence cyclique s'accumule comme l'eau derrière un barrage qui finit par céder. Ce sont par ailleurs d'excellents pères de famille, de bons collègues, de bons amis… Seule leur femme est victime de ces accès de fureur subite. Il faut qu'ils la contrôlent, la rabaissent, l'humilient, comme ce mari modèle venant chercher sa femme tous les vendredis soir au bureau :

– À la fin de la semaine, elle est fatiguée. Ce ne serait pas gentil de la laisser rentrer en métro…

Tout le monde lui envie son mari, mais à peine est-elle entrée dans la voiture que Mister Hyde remplace Dr Jekyll. Violemment, il l'attrape par le poignet :

– T'as couché avec qui, salope ?

Si elle disait un nom, il la tuerait.

Si elle répond la vérité :

– Avec personne !

il éclate de rire :

– Naturellement, t'es bien trop moche pour ça !

Sur fond de dénigrement, ces accès de rage subits s'expliqueraient par un fantasme d'abandon que ces hommes rumineraient dans leur coin. Tout seul devant la télé pendant que Carol est au lit, son mari imagine qu'elle part, qu'elle demande le divorce et qu'elle le quitte. Il entre alors dans une fureur noire. Il « voit rouge », s'approche du lit, la tire par les cheveux et commence à l'étrangler. Elle ne parvient pas à y croire. Elle ne le reconnaît plus. Elle pense qu'il va la tuer. Il la lâche enfin et, quand elle gagne le salon, elle le trouve allongé sur le canapé en train de sucer son pouce, tourné contre le mur en position fœtale. « Car les femmes sont battues mais ces hommes sont des loques », constatait un travailleur social.

Tout semble à peu près calme quand, soudain, ils deviennent distants et querelleurs, obsédés par l'argent, contrôleurs tatillons, demandant à leur femme tantôt de partir puis, pris de panique à l'idée qu'elle s'en aille, la supplient de rester… « Le problème crucial de ces hommes est la distance affective, observe Donald G. Dutton. Dès qu'ils se trouvent dans une situation d'intimité, s'élève en eux la crainte d'être abandonnés qui le dispute à la crainte d'être engloutis. L'homme violent cherche à contrôler sa partenaire qu'il perçoit à la fois comme essentielle et répugnante. »

Des psychologues, tel Alain Legrand, peuvent les aider à repérer les cycles de violence et à en reconnaître les signes avant-coureurs (c'est un minimum) afin d'apprendre à la contrôler. « Mais sans un remaniement complet de leur personnalité, grâce à une thérapie longue qui réduira les tensions psychiques à l'origine de ce symptôme qu'est la violence, ils ne changeront pas en profondeur » explique le fondateur de « SOS violences familiales ».

Personne ne peut les changer et surtout pas leur femme qui est trop impliquée dans la relation. De plus, il faut qu'elle se sache en danger de mort et l'expression n'est pas trop forte. À Paris, trois femmes meurent tous les quinze jours à la suite des violences que leur ont fait subir leur mari ou leur compagnon. Sur les 652 décès de femmes étudiés en dix ans par l'Institut médico-légal de Paris, la moitié avaient été tuées par leur conjoint (source : *Le Monde* du 1er mars 2001).

Les psychopathes ou « cogneurs » froids

Autant l'on pouvait dire des déments cycliques qu'ils ne savaient pas ce qu'ils faisaient, autant les « cogneurs froids » sont parfaitement maîtres d'eux-mêmes. Ils sont séduisants, charmeurs et d'une « froideur indéfinissable ». La femme qu'ils ont frappée, forcément, l'a bien mérité ! Ils n'expriment aucun remords, aucun début de remise en cause. Au contraire, ils reconstruisent a posteriori la « faute » qui a généré la « punition » :

– Je lui avais pourtant dit de ne pas me mettre en colère !

Pour se dédouaner, ils peuvent aussi banaliser la violence et prétendre qu'il arrive à tous les hommes de donner « une bonne correction ». Incapables de se mettre à la place de leurs victimes et de comprendre qu'ils terrorisent, ils font subir leur fureur tous azimuts. Elle frappe sans distinction leur femme, leurs enfants, des clients, le mobilier qui leur tombe sous la main, etc. Ils ont « des démences » disait Nelly fort justement.

Ces violents antisociaux sont souvent des délinquants qui ne regardent jamais en arrière. Ils sont incapables de se représenter le mal qu'ils commettent. À lire Donald G. Dutton, on suppose qu'ils pourraient torturer de sang-froid. « Ils sont comme des athlètes autonomes se concentrant sur leur niveau d'excitation et cherchant une efficacité maximum dans leur violence. Une violence qui est instrumentale et contrôlée. Elle a pour but de dominer, de prendre le pouvoir sur l'autre. Elle se mobilise avec une extrême ingéniosité pour atteindre son but », écrit le psychologue qui nous donne froid dans le dos.

Si eux ne tirent jamais les conclusions de leur violence, nous pouvons, nous, en déduire que leurs chances de guérison sont minimes car ils n'ont aucune espèce de velléité d'en sortir.

Les tyrans domestiques

Ils pensent que leur rôle de chef de famille consiste à maintenir l'ordre de manière autoritaire et à surveiller la vie de la maison. Outre des violences physiques, ils infligent toutes sortes de violences psychologiques en exerçant un contrôle notamment financier. Ils épluchent les comptes, vérifient les dépenses, critiquent tel ou tel achat. Pour eux, une femme est une sorte de domestique ayant à faire « correctement » son travail ; sinon, il leur semble normal de la sanctionner.

Ils refusent généralement qu'elle travaille à l'extérieur. Ce sont des hommes méticuleux, perfectionnistes, dominateurs et parfaitement maîtrisés. Ils considèrent seulement leur femme comme leur possession. En s'appuyant sur les rôles hommes/femmes traditionnels, ils la dominent puis l'isolent en la coupant de son réseau social. Ils peuvent aussi s'attaquer à son passé et à son identité présente… Ces tyrans domestiques représenteraient 30 % des hommes violents. Sincèrement, ils ne comprennent pas pourquoi on fait « tant d'histoires pour quelques gifles ». Un proverbe ne dit-il pas : « Bats ta femme ! Si toi tu ne sais pas pourquoi, elle le sait ! »

Autant les psychopathes (violents cycliques ou cogneurs froids) semblent relever des psychologues, des psychiatres, des psychothérapeutes, autant les tyrans domestiques sont grandement influencés par la place des femmes dans la société. D'où vient que, pour eux, elle ne représente pas une compagne apportant à leur couple une autre manière de dire, de faire, d'agir, de comprendre ? D'où vient qu'elle ne soit pas considérée comme une « autre » intéressante et enrichissante pour ses différences mêmes ? D'où vient qu'un seul écart de sa part au regard des rôles stéréotypés soit vécu comme une menace à contrôler, éteindre et contraindre ? D'où vient que leur épouse condamnée à la fonction traditionnelle de « servante de son seigneur et maître » n'ait plus qu'une alternative : l'obéissance ou… les coups ?

Le problème de la violence conjugale n'est pas seulement psychologique. Il est aussi idéologique. Un rapport de l'Unicef de 1994 affirmait qu'au Bangladesh, 72 % des scènes de violence conjugale étaient dues « au retard dans le service du repas au mari »…

En France, où en sommes-nous ?

En décembre 2000, Nicole Péry, secrétaire d'État aux droits des femmes, a rendu publique une enquête nationale portant sur « les violences faites aux femmes ». Elle fut menée auprès de 7 000 femmes de 20 à 59 ans interrogées par téléphone et de manière indirecte sur les violences subies, afin de rencontrer moins de résistances aux aveux. Or, une femme sur dix s'est déclarée victime de violence conjugale au cours de l'année, une sur cinq au cours de sa vie. De cette enquête menée par la solide équipe de Maryse Jaspard, ressortaient aussi des agressions verbales, sexuelles, sexistes, psychologiques, physiques dans la rue et au travail. Sans même qu'il soit question des viols collectifs de jeunes filles, des « tournantes » organisées dans quelques caves de banlieue. Ou encore des condamnations de mineurs pour viols, quatre fois plus nombreuses en 1998 qu'en 1987…

Rares sont les politiques qui osent s'attaquer à ce problème qui est aussi « de société ». Le Canada, pourtant, a créé des groupes de paroles pour hommes violents, des centres d'accueil et de soins et organise des campagnes de prévention. Nous en sommes loin. Les centres d'accueil et d'hébergement pour les femmes battues se sont développés. La police enregistre des « mains courantes » au commissariat. Que l'auteur des violences soit le conjoint, est un facteur aggravant. Et une femme violentée peut quitter le domicile conjugal sans risquer un divorce pour faute…

Néanmoins, il reste encore beaucoup à faire, c'est-à-dire à s'occuper des hommes violents comme ne le font qu'une huitaine de centres de prise en charge en France. Il reste aussi à permettre aux femmes et à leurs enfants de rester dans leur cadre de vie. Nelly voudrait bien quitter son « dément » mais elle trouve terrible de tout abandonner quand les meubles, la télé, la cuisine équipée ont été payés avec ses propres économies. Elle n'arrive pas à avaler d'être à la fois victime et celle qui sera punie…

« *Je suis allée à la police faire une déclaration. Aucune nouvelle depuis. Il n'y a pas d'aide, pas de solution, sauf partir avec les enfants et pour aller où ? Je ne connais personne. Je ne sais pas où sont les portes. Personne n'est libre pour m'entendre et faire quelque chose. Je suis seule avec mes deux filles qui travaillent très bien (l'aînée a reçu des félicitations). J'ai des enfants super que j'ai réussi à préserver jusqu'à maintenant. Je n'ai pas envie de les mettre sur un trottoir. Tout ce qui est ici vient de chez moi et il faudrait que je parte en slip ! J'ai payé. Il me bat et je vais tout lui laisser !* »

Lors des Assises contre la violence faite aux femmes, le docteur Emmanuelle Piet, qui est médecin gynécologue dans une banlieue réputée chaude, racontait cette histoire de médiation en violence conjugale qui fit rire (jaune) toute l'assistance. Il s'agit d'une femme battue qui mit onze ans à oser porter enfin plainte contre son mari. Finalement elle le fait, non sans remords ni hésitations. Un médiateur convoque alors le couple et dit au monsieur :

– Vous avez bien quinze euros dans votre portefeuille ?

– Oui !

– Eh bien, donnez-les à la dame. Et vous recommencerez à chaque fois que vous lèverez la main sur elle…

En sortant, le monsieur a collé deux claques à sa femme et a repris ses quinze euros. Ils ne sont jamais revenus.

Il est indispensable de changer nos mentalités. Il faut faire voler en éclats les idées reçues et refuser de voir les victimes comme des femmes prédestinées par leur enfance, leur milieu, leur mariage… à recevoir des coups. Cesser de les rendre complices de la violence subie en raison d'un soi-disant masochisme ou de leur pseudo-esprit querelleur : « Elle l'a bien cherché ! »

Certes, nos lieux communs nous préservent de l'identification : ça n'arrive qu'aux autres ! Mais ils contribuent à entretenir la honte, la solitude, la détresse des victimes et à laisser s'installer ce scandale en le rejetant dans un ailleurs impensable qui ne nous concerne pas…

Nous ne voulons pas voir, pas savoir, pas regarder en face ce continent noir parce qu'il est inacceptable qu'au pays de la liberté, de l'égalité et de la fraternité, près de deux millions de femmes soient régulièrement cognées par des hommes qui s'estiment dans leur droit.

Quelles chances de retour au calme ?

En attendant une prise en charge collective de ce problème, dans quels cas les victimes peuvent-elles espérer que « les choses vont s'arranger » ? Pour répondre, Alain Legrand reprend cette distinction fondamentale entre « les auteurs de violences » qui réagissent (évidemment de travers et de manière impardonnable) à des situations précises, et les personnalités dangereuses dont la violence est aveugle et indépendante des circonstances extérieures.

Les premiers ont accidentellement frappé. La plupart ne récidiveront pas. En revanche, concernant les personnalités violentes, le pronostic est très mauvais. Et la plupart des spécialistes conseillent aux femmes de partir en courant à moins qu'un travail psychologique de fond ne soit entrepris.

Plus précisément, certains traits de personnalité doivent alerter et… inquiéter. Gare par exemple aux hommes délirants qui se livrent tout seuls dans leur coin à des interprétations fantasmatiques basées sur de « pseudo-signes qui ne trompent pas ». À tort, ils s'imaginent être trompés ou trahis. « Ce sont des jaloux dangereux et paranoïaques qui présentent vraisemblablement des troubles psychotiques graves », diagnostique Alain Legrand.

Attention aussi aux hommes qui ne peuvent pas exister sans l'autre. Pour eux, la séparation est inenvisageable. Elle ne peut advenir que dans la mort. « Certes, tout divorce est pénible, mais la rupture et le deuil de la relation doivent être psychologiquement surmontables. Après quelques semaines, quelques mois de souffrance, il doit pouvoir se rendre compte que d'autres femmes existent sur terre. La dépendance poussée à l'extrême est inquiétante. Ces hommes peuvent devenir des forcenés capables de prendre en otage leur femme, leurs enfants et de les entraîner dans la mort », explique le psychologue. Et cela d'autant plus facilement qu'ils collectionnent les armes à feu ou sont maîtres de chiens dangereux assimilables à des armes…

Gare enfin aux hommes qui boivent, bien sûr, et qui se livrent en dehors de la maison à des agressions. Si, en venir aux coups, est un mode de réponse habituel aux frustrations, il arrivera forcément un moment où leur femme en fera les frais. Dans un premier temps, nous pourrons nous sentir protégées, jusqu'au jour où il emploiera la force pour nous soumettre aussi…

Méfions-nous encore des réconciliations sur l'oreiller qui peuvent entraîner dans un cercle terriblement vicieux. Enfin, avoir peur tous les jours signifie que la relation est dangereuse. Si nous sommes terrorisées, c'est que nous avons de bonnes raisons de l'être… Quant à toutes ces formes de contrôles, d'intimidations, de vexations destinées à nous « corriger », il importe de les contrecarrer dès le début de la relation et avec fermeté. C'est-à-dire en ayant la conviction que nos manières d'être et de faire en valent bien d'autres.

Cette mise au point faite, que faut-il pour que le couple s'en sorte ? Il faut que l'homme violent exprime une réelle volonté de changement suivie de faits, à savoir qu'il assume jusqu'au bout le travail psychologique entrepris. Il faut aussi qu'il en finisse, non seulement avec la violence physique, mais avec la violence psychologique. Qu'il soit encore réellement, profondément convaincu que toute forme d'agression contre les femmes est inadmissible. Et qu'enfin, il accueille la différence – non plus comme un danger –, mais comme « un supplément d'âme » enrichissant pour lui…

Autrement dit, c'est du boulot ! En conclusion de son livre, Donald G. Dutton constate : « Certains individus ne renoncent jamais à la violence, d'autres changent du jour au lendemain, la plupart rechutent avant de parvenir à la guérison… »

De ce fait, même dans un contexte très favorable : il veut changer, il reçoit des soins, il est prêt à nous respecter… la question à nous poser est la suivante : combien de « rechutes » pourrons-nous supporter ?

CHAPITRE X

... et ceux qui ne veulent pas changer

Voici enfin ceux qui nous aiment sincèrement, profondément. Ils sont sains de corps et d'esprit et sains en amour mais... ils ne veulent pas changer, même pour nous. Ils refusent de chambouler leur existence et celle de leur entourage pour vivre le grand amour que nous leur proposons. Ils sont certains de nos sentiments et des leurs. Ils ne sont ni lâches, ni timorés. Nous pourrions même constater qu'ils sont terriblement tentés par l'avenir radieux que nous leur promettons, mais ils ne quitteront jamais leur mari, leur femme.

Pour qui est libre en face d'eux... Pour qui a la certitude que cet homme, cette femme est le grand amour de sa vie et le partenaire idéal enfin trouvé, tout proche, à portée de main, prêt à s'unir mais impossible à saisir... la souffrance est cruelle. Et la situation presque incompréhensible.

En effet, l'idéologie affective du moment conseille, comme le faisait une grand-mère à sa petite fille dans le livre de Susanna Tamaro : *Va où ton cœur te porte...* L'amour a tous les droits, tous les pouvoirs. En son nom, des rois n'ont-ils pas abdiqué, le Taj Mahal n'a-t-il pas été construit, les plus beaux romans n'ont-ils pas été écrits ? Dans son beau roman *Hymnes à l'amour*, Anne Wiazemsky racontait comment une petite fille avait vécu entre ses deux parents absents et déchirés, chacun de leur côté, par un amour impossible. Dès ce moment et malgré l'indifférence dont elle était l'objet, elle avait décidé de « tout pardonner à ceux qui aiment »…

Or, notre société pardonne de plus en plus à ceux qui aiment. Les films, les séries télévisées ne cessent de glorifier l'amour présenté comme le but de la vie et un trésor à choyer envers et contre tout. Dans cet esprit, bien des vedettes et des anonymes racontent à des millions de téléspectateurs émus que « c'est leur choix ». Un matin, ils ont planté là mari, femme et enfants pour vivre leur passion. Et chacun d'applaudir qui a eu « le courage d'aller jusqu'au bout et de… s'éclater ». Quand on est capable d'aimer aussi fort, n'est-on pas quelqu'un de forcément bien ?

Ce qui choque n'est évidemment ni l'amour, ni le divorce, c'est la manière dont ces témoins galvanisés par leur passage à la télé parlent de celui qui reste, à savoir l'homme ou la femme qui, pendant des années, a partagé leur vie, leur a fait ou donné des enfants. Une récente émission avait pour thème « un seul vrai grand amour… ». La force des histoires racontées aurait pu donner les larmes aux yeux s'il n'y avait eu ces petits gestes, ces petits mots de mépris balayant comme des détails sans importance celle ou celui qui avait partagé leur vie avant ce grand amour…

– Et votre mari, vous l'avez aimé ?
– Oh non, pas du tout !
– Et votre femme, vous l'aimiez ?
– Oh ! non, rien à voir avec maintenant…

Je pensais à l'ex qui était peut-être posté devant son petit écran, à leurs enfants… Pas un mot n'avait été prononcé pour leur rendre un petit hommage ou rappeler que quantité de beaux sentiments avoisinent l'amour, comme le respect, l'estime, l'amitié, la confiance, et qu'il importe de ne pas l'oublier, même quand on a trouvé « tellement mieux ».

Va où ton cœur te porte...

Cette logique du « Va où ton cœur te porte », poussée à l'extrême, débouche aussi sur la loi du plus fort, du plus jeune, du plus beau et... du plus offrant. En outre, elle suppose que nous nous dégagions de toute responsabilité vis-à-vis du malheur que nous provoquons. Voici le mari d'une femme malade. Il rencontre une jeune collègue pleine de vie, de santé et de séduction qui tombe follement amoureuse de lui. Évidemment, les deux propositions sont incomparables : d'un côté la maladie et l'angoisse. De l'autre, la jeunesse, la beauté et la joie de vivre. Il n'y a pas à hésiter : « Va où ton cœur te porte »...

Autre exemple : un homme est licencié à cinquante-quatre ans. Il est obligé de réduire son train de vie et celui de sa famille. Il devient maussade, perd son assurance et sa... libido. Sa femme se laisse courtiser par un vieil ami du couple. Elle accepte un dîner et plus. C'est l'étincelle, le coup de foudre, l'amour. Elle est électrisée... Elle plaque son époux chômeur en emmenant avec elle ses deux enfants : elle gagne sa vie, lui plus : « Va où ton cœur te porte... »

Ce sont les femmes, surtout, qui défendent l'amour comme une valeur, la tradition obligeant les hommes à assumer plutôt leurs responsabilités. Il s'ensuit pour eux ce que Francesco Alberoni appelle « un dilemme éthique » : doivent-ils choisir le cœur ou la raison ?

Certains hommes mariés (de moins en moins nombreux car les valeurs féminines se propagent à l'ensemble de la société) se sont forts épris de nous, car nous sommes arrivées à un moment de leur vie où ils traversaient une périodc de crise et de découragement. Ils aspiraient à changer de vie et… de femme. Ce qui n'aurait jamais dû arriver arriva : l'amour. Mais aujourd'hui, ils font machine arrière. Ils refusent d'aller plus loin. Ils ne veulent pas changer pour des raisons morales, pour tenir leurs engagements vis-à-vis d'une famille et ne pas « foutre en l'air » tant de vies et d'équilibre acquis…

Faut-il les pousser, insister au nom de notre bonheur et du leur ? Impossible de répondre en général, bien sûr. Certains couples se déferont de toute façon et il serait malheureux de manquer ce rendez-vous au nom d'une morale qui, ici, n'a pas à jouer. Tout dépend des circonstances, de la qualité de la relation et du bonheur que nous avons à offrir en comparaison de ce qu'ils ont à perdre. Personne ne peut se prononcer pour nous ou pour eux, mais rappelons seulement qu'en face, nous provoquons des drames.

En effet, Francesco Alberoni analyse que, tout à la joie d'aimer, nous voulons croire au miracle et penser que nos amis, nos familles, nos enfants, nos bientôt « ex » nous comprendront et nous approuveront avec autant d'émotion et de bienveillance que les téléspectateurs des reality-shows. Ils seront prêts, croyons-nous, à nous pardonner d'avoir choisi le cœur plutôt que la raison…

L'AMOUR A-T-IL TOUS LES DROITS ?

Cet effet de l'optique amoureuse provoque naturellement bien des drames et des désillusions. Rien dans la vie ne se passe comme à l'écran. Dans la vie, des hommes plaqués et des femmes abandonnées sombrent dans la dépression, se mettent à boire, font des tentatives de suicide ou meurent quelques années plus tard dans un accident, sans avoir réussi à remonter la pente…

Il ne s'agit pas de défendre les couples légitimes et de

fustiger les amants. Si on le peut, il faut quitter les pervers et les personnalités violentes par exemple, et sans hésiter, mais les pervers ne souffriront pas....

Il s'agit seulement de relativiser les droits de l'amour. De rappeler qu'en son nom, on ne peut pas faire n'importe quoi. De dire que cette loi du plus beau, du plus fort, du plus puissant, de la plus jeune est cruelle. Et d'avoir un mot de compassion pour « la première épouse ». Une première épouse, dont le seul tort est d'avoir... vieilli.

« Va où ton cœur te porte... » Pourrions-nous relativiser cette belle expression ? En lui disant « oui » mais dans le plus grand respect de ceux que nous avons aimés, de ceux que nous avons choisis autrefois. « Va où ton cœur te porte » : oui, mais dans la douceur, dans le souci de faire le moins de ravages, le moins de mal possible. « Va où ton cœur te porte... » : oui, mais en comprenant les hommes et les femmes qui veulent continuer de respecter leur premier engagement ou qui hésitent longtemps ou qui encore ne veulent pas changer, c'est-à-dire construire leur bonheur sur les ruines d'autres vies dévastées...

Troisième partie

QUITTER POUR DE BON

Comment savoir si une relation vaut la peine d'être continuée et peut-être sauvée ? Ou bien si nous perdons notre temps, avec un homme ou une femme « qui ne changera jamais » ? Les thérapeutes comportementalistes américains suggèrent que nous imaginions une « statue » de notre couple. Dans quelle position serions-nous tous les deux ? Et en train de quoi faire, de se dire quoi…

Ce jeu proposé autour de soi donne les « statues » les plus variées. Julien, par exemple, se voit monté sur une échelle. Il bâtit une maison et sa femme lui tend les outils, avec le sourire. Ensemble, ils construisent leur nid, la famille et… du solide. Arthur, lui, s'imagine au sommet d'un rocher regardant l'horizon. En bas, à ses pieds, sa femme et ses enfants mènent leur vie. Manifestement, ce couple ne partage plus rien et Arthur semble avoir une assez « haute » opinion de sa personne… Néanmoins, ils peuvent continuer de cohabiter : ne se rencontrant jamais, ils ne se dérangent pas et ne se disputent pas.

Pour Myriam, c'est tout autre chose. Pablo peint en lui tournant le dos et elle attend désespérément qu'il se retourne. Ou alors elle est à genoux, à ses pieds. Et elle le supplie de la regarder, de lui parler. Mais il la laisse s'humilier avec un petit sourire au coin des lèvres. Pablo ne souffre pas dans cette relation. Qu'elle supplie un regard ou une attention, le satisfait. Non seulement il n'a aucune envie de changer, mais la souffrance de Myriam ne le touche pas. Il s'en moque… Et on ne voit pas quel déclic pourrait provoquer un revirement.

Pour qu'un couple soit « sauvé », il faut être deux à vouloir être heureux, et deux à vouloir être ensemble.

CHAPITRE XI

Si difficile de rompre !

– Je crois qu'il vaut mieux qu'on se sépare.

– Si tu vois les choses comme ça…

Parfois, il est si simple de rompre. Presque trop simple. Nous voudrions que l'autre nous rattrape et se… rattrape aussi, en nous donnant la considération, la tendresse et l'attention refusées jusqu'ici. Cette proposition est une perche tendue (très maladroitement) à la déclaration d'amour. Elle effacerait l'indifférence et le sentiment de solitude. Elle naît du besoin que quelque chose change, mais peut-être pas toute la vie à deux. Combien de couples se sont ainsi récupérés en se jouant le dernier acte « pour de faux ». Certains sont des récidivistes. Ils brandissent la rupture comme on agite un drapeau :

– Ohé, je suis là ! Aime-moi plus fort ! Aime-moi mieux…

Dans ces couples-là, il en est toujours un pour convaincre l'autre de continuer. Toujours un pour comprendre de justesse qu'ils sont au bord du gouffre et redresser la barre. Et s'il suffisait, pour réussir en amour, d'être deux à vouloir continuer ? Et si cet accord minimum était le seul secret des couples qui durent ?

Partir pour sauver sa peau…

Seulement, nous jouons avec le feu. Un feu qui parfois s'éteint sans que nous prenions toute la mesure de la glaciation des sentiments.

– Si tu vois les choses comme ça…

Et voilà comment trois, cinq, dix ans de vie commune peuvent se terminer, de manière presque anodine. Ces ruptures douces prouvent que le « nous » (s'il a jamais existé) n'est plus porteur d'aucun projet. Ni pour le duo ni pour les personnes. La relation est devenue molle, faute d'écoute, d'intimité, de désir de construire quelque chose ensemble et séparément…

Le couple tel qu'il est devenu n'intéresse plus personne. On a cessé d'aimer. Pas de cris. Pas de larmes. Juste un peu de nostalgie et une camaraderie gênée dans l'intimité qui va s'installer sans drame autour des enfants. Se revoir ne sera pas difficile : la situation pourrissait depuis si longtemps. Parfois, on se dit qu'on aurait pu… On regrette les bons moments au regard des relations presque amicales qui, aujourd'hui, se nouent. Mais non, il suffit de quelques heures ensemble pour retrouver les sources d'agacement, les luttes de pouvoir, les incompréhensions. Ça ne pouvait plus coller, soyons-en sûrs afin de passer à d'autres rêves, d'autres amours.

D'autres ruptures relèvent de la pulsion. Nous étions des cocottes-minute sous pression, perpétuellement agacés, tendus, malheureux, mais tant de choses nous retenaient et d'abord… le courage de partir. C'est qu'il en faut pour rompre et laisser non seulement son conjoint mais aussi sa maison, ses amis, son réseau. Les hommes sont moins demandeurs de rupture et les sociologues l'expliquent à leur manière : ils supporteraient mieux la monotonie. Ils investiraient moins sur l'amour et seraient donc moins exigeants que les femmes. Mais surtout, ils perdent beaucoup plus que nous dans un divorce : leur compagne, leur train de vie et leurs enfants confiés à 90 % à leur maman.

Rompre est une révolution qui exige une force inouïe et la ferme conviction que « c'est mieux pour tout le monde »... De ce point de vue, un autre amour facilite la tâche. Ce n'est plus une décision « égoïste ». Sur les ruines d'un couple, s'en dressera un autre, bien plus simple, bien plus riche en élans créateurs.

Hélas, nos amours difficiles nous rendent la vie tellement impossible que nous sommes incapables d'aimer ailleurs. C'est en soi seul qu'il faut trouver la force de s'arracher au pire et s'y tenir. Longtemps, on désespère de la trouver un jour. Viviane Monnier, aux Assises contre la violence faite aux femmes, déclarait qu'il fallait en moyenne trente-quatre scènes de violence pour que les femmes se décident à partir. Un jour pourtant, cette force nécessaire arrive sans crier gare, comme saute le bouchon d'un volcan en sommeil.

Benoît est agent de change. C'est un homme rigoureux et organisé qui déteste les drames. Dans sa vie, sa compagne est une erreur de casting. Elle est aussi volage qu'il est fidèle, aussi légère qu'il est dogmatique, aussi ignorante qu'il est cultivé. Mais il la désire tant qu'il est prêt à lui pardonner toutes ses frasques. Il ferme les yeux sur ses minauderies, ses baisers volés, ses œillades en coin. Il se raconte qu'elle aime séduire, sans être dupe, mais sans vouloir penser plus loin. Cependant, il s'aperçoit un jour que les draps de leur lit sont froissés. Qu'elle ait souillé le sanctuaire conjugal lui paraît ignoble, inadmissible. Deux semaines plus tôt, il lui proposait le mariage. Voyant son sacrilège, il prend toutes ses affaires et les dépose sur le palier : rideau, il ne la reverra jamais.

S'ARRACHER À CEUX QU'ON AIME...

Mais le plus déchirant est de devoir quitter ceux que nous aimons encore, parce que la relation nous fait trop mal, parce qu'elle nous engage dans une impasse n'ayant que trop duré, parce que nous y gâchons notre vie, parce que nous y perdons notre santé, notre énergie, notre jeunesse… Comment faire pour supporter cet arrachement et… tenir bon ? Car tout le problème est là. On rompt et on revient. Puis on recommence indéfiniment. Chaque rupture, même s'il ne s'agit que d'une fausse sortie, est tuante.

Emilie en a fait les frais. Après huit ans de liaison avec un homme marié, elle réalise (en apprenant que sa femme est enceinte) que non seulement il ne la quittera jamais, mais qu'il lui a menti en lui donnant de fausses espérances. Elle aime encore passionnément ce « traître ». Elle ne se lève que pour le voir, ne s'habille que pour lui plaire, ne se nourrit que pour vivre et… ne vit que pour lui.

Il serait tout à fait d'accord, l'homme marié, pour continuer son agréable double vie avec sa femme d'un côté pour le confort, les pot-au-feu maison, les soirées *cool* devant la télé, et sa jeune maîtresse tout feu tout flammes de l'autre avec laquelle il vit une passion sexuelle qui le rend fou de… lui-même et de sa fabuleuse puissance virile. Comme Werther dans *Les souffrances du jeune Werther*, le roman de Goethe, il s'écrierait volontiers : « Combien je m'adore depuis qu'elle m'aime ! » Ne réussissant pas à rompre dans la vie, Emilie a tenté de rompre dans la mort. Elle voulait que quelque chose s'arrête (mais peut-être pas sa vie…).

Cette histoire date de trente ans, mais elle y pense encore, « plus du tout le jour, précise-t-elle, mais encore la nuit » comme si elle avait fait des progrès ! Elle est allée le rechercher dix fois pour retomber dans les mêmes tourments, les mêmes angoisses, les mêmes déceptions. À l'occasion du nouveau millénaire, elle lui a écrit encore. À chaque fois, il lui répond qu'il est toujours d'accord pour… la désirer.

Certains hommes, certaines femmes agissent sur nous comme des drogues. Avec eux, il n'existe qu'une solution : couper les ponts. Ne plus les voir, ne plus les entendre. Leur tendresse, leur corps, leur odeur, leur regard nous envoûtent, nous aimantent et nous soulagent aussi. Quand ils sont là, nous sommes habités, envahis de chaleur et de désir. Nous nous sentons vivants. C'est si vrai que nous sommes convaincus de ne pas pouvoir « vivre sans eux ». Allons donc ! Vivre sans eux, nous l'avons fait auparavant. Nous l'avons pu pendant. Nous le pourrons plus tard.

Mais à condition d'avoir l'inflexible volonté de Francesca qui s'impose une cure de désintoxication draconienne : plus de portable. Ne plus répondre au téléphone directement. Faire des détours pour ne pas passer devant les lieux qui rappellent les bons et les mauvais souvenirs. Encore moins devant chez lui. Ôter toutes les photos des murs. Ranger les lettres dans un carton à chaussures, lui-même enfoui au fond d'un placard. Ne plus voir les amis communs. Interdire à quiconque de parler de lui. Opération black-out.

Naturellement, elle ne pense qu'à lui mais de moins en moins et elle le chasse aussitôt. Il n'est plus question pour elle d'entretenir les fantasmes en se remémorant leurs rencontres, en supputant qu'il n'appelle pas pour telle ou telle raison, ni même en cherchant à comprendre qui il est vraiment. Elle a décidé une bonne fois pour toutes qu'il ne devait plus l'intéresser. Elle arrête d'aimer comme elle a cessé autrefois de fumer : en se disant que la cigarette n'était plus pour elle. Comme cet homme. On ne peut pas dire qu'elle l'éjecte de sa vie, elle décide plutôt de passer son chemin quand il revient à sa mémoire :

> – Il est pour moi comme le chocolat : bon, tentant, merveilleux au goût, mais mauvais pour ma santé. Donc, je n'en prendrai plus…

Et elle s'imagine l'écartant de son passage, d'une main ferme mais décidée.

Se sevrer, comme le malade alcoolique se sépare de sa bouteille

Quand elle le raconte, Francesca en pleure de souffrance. Mais elle tient bon parce qu'elle a décrété pour la première fois de sa vie de penser à elle, de choisir ce qui est bon pour elle.

Quand le désir d'attraper son téléphone est trop fort, elle s'appuie sur sa meilleure amie qui l'aide à ne pas céder car tout recommencerait. Les amis qui nous sortent, nous distraient, nous comprennent, nous écoutent… sont aussi d'un grand soutien. « Il ne faut pas partir toutes seules », conseillait Maïté Albagly aux femmes violentées…

Il faut aussi éviter de penser en termes de rupture. Ne pas se dire qu'il va falloir « refaire sa vie », comme si tout ce qui s'était déroulé avant n'avait servi à rien. Comme si le passé mourait et débouchait sur le vide…

Tout ce que nous avons vécu de bon, mais aussi de mauvais, a fait de nous ce que nous sommes. Recentrons-nous sur notre personne, notre histoire. Nous sommes notre propre continuité.

Sans l'aimé(e), notre vie ne s'arrête pas, elle continue. Elle change seulement de trajectoire, parce que la route empruntée jusqu'ici présentait trop de risques pour notre équilibre. Persuadons-nous également que ce choix est le bon et sans trop regarder ni derrière ni devant. Car la plus grande aide vient du présent. La paix vient de notre concentration sur les gestes du quotidien, sur l'observation du ciel ou de la nature qui élève l'esprit au-delà de notre petit moi, sur l'application donnée dans la réalisation d'activités manuelles ou artistiques, nécessitant soin et précision. Ibéria Lebel-Courteaux qui donne des cours de peinture à des femmes battues dans un foyer d'accueil de la Somme, raconte à quel point ces créations sont bénéfiques. « Pour ces femmes blessées qui ont tout quitté, réussir à terminer quelque chose, à aller au bout d'un processus est une victoire qui les remplit de fierté. Ainsi elles reprennent confiance en elles, elles qui se sont si souvent senties rabaissées, humiliées. »

Francesca s'appuie aussi sur son « chez-soi ». Elle a changé les meubles de place, épinglé des affiches au mur, bourré un peu plus l'espace pour en faire une sorte de cocon. Là, elle peut, à l'abri des regards, tantôt surmonter son chagrin et tantôt l'accueillir tendrement. Elle vit l'instant. Elle apprend à se consoler toute seule. Parfois, elle trouve qu'il est doux de laisser remonter en elle tous les autres chagrins : cette mère qui n'a jamais eu un regard pour elle. Ce père au moi grandiose, persuadé que la terre n'existait que pour l'admirer et Norbert enfin, son seul amour, aussi mégalomane que le précédent et qui la prenait, la jetait au gré de ses humeurs et de son emploi du temps.

Elle pleure sur elle-même, la courageuse. Et elle a raison. Il est temps que quelqu'un prenne soin de la petite fille délaissée, mal traitée, mal aimée qui souffre encore en elle. Elle comprend, au milieu de ses larmes, qu'elle n'a jamais su dire non aux êtres de lumière. Qu'elle se laissait attendrir, en se focalisant sur leur fragilité sans vouloir regarder en face leur mégalomanie et leur égocentrisme. Elle se prépare ainsi à ne plus jamais retomber dans les pièges de ces toreros au cœur sec qui, en lui rappelant son père, savaient si bien l'émouvoir.

Plus on apprend à être seul, à affronter ses peurs, ses angoisses et plus la séparation nous apparaît, si ce n'est aisée, du moins nécessaire. Pour se donner du courage, Francesca se répète souvent cette jolie maxime : « La guérison commence dès que nous acceptons de lui consacrer toute notre énergie. »

Chapitre XII

Pourquoi les femmes s'en vont…

Frédéric vient de fêter ses cinquante ans. Il s'est marié deux fois, a aimé trois femmes. Toutes l'ont quitté. Pourtant, c'est un homme gentil, riche, bien de sa personne et veillant à retenir les dates d'anniversaire de ses compagnes. De plus, il est tendre car il déteste être seul : « *Ne pas être aimé d'une femme, c'est une anomalie, presque une injustice. J'ai besoin d'être accompagné, de faire avec, de partager…* »

Alors, pourquoi ça ne marche pas ?

Mais qu'est-ce qu'elles veulent ?

Sa première épouse, Nathalie, était « la femme de sa vie ». Quand il l'a rencontrée, elle avait vingt-et-un ans et lui vingt-huit. Elle était un peu paumée, intéressée par la peinture, ne sachant pas trop quoi faire d'elle-même. Lui était éducateur et déjà homme d'affaires. Il menait une vie passionnante. Avant, il n'avait jamais été disponible pour l'amour, « pas le temps », et la sexualité ne lui manquait pas. Mais les copains commençaient à se marier. Il voulait changer de vie, fonder une famille. Ils se sont tout de suite très bien entendus sur tous les plans. Lui pensait qu'elle allait lui apporter la stabilité et une position sociale par le mariage et les bébés : « *Nous allions bâtir ensemble et c'était important pour moi...* », se souvient Frédéric. Et lui, qu'allait-il lui apporter ? Il ne s'est pas posé la question. Il lui a prêté les mêmes désirs que les siens. Mais quand la passion s'est éteinte, elle a eu besoin « d'autre chose ». Elle est partie vivre au Maroc, un pays qui lui apportait un style de vie, une lumière, des paysages et des relations qui la révélaient et l'inspiraient pour sa peinture, « la chose la plus importante de sa vie ». Il est tombé des nues.

Il a connu sa seconde femme en cherchant une secrétaire. Elle était curieuse, intéressée par son travail. Elle l'aidait à oublier Nathalie et voulait des enfants. Ils se marient et Frédéric met un point d'honneur à la faire vivre « comme une reine ». Ski l'hiver, mer l'été... et quand elle fait « le régime fille », il supprime lui aussi le sel et le fromage pour avoir un bébé à layette rose.

Néanmoins, après la naissance de l'enfant, ils se perdent de vue. Il reprend d'arrache-pied son travail, ses affaires, ses recherches. Elle est déçue qu'il ne veuille pas former une « vraie famille ». Elle aimerait qu'ils aillent se promener au parc le dimanche avec leur bébé et qu'ils regardent ensemble les films le soir à la télé... Elle se console en reportant tout son amour sur sa fille. Lui s'enferme avec ses rapports. Mais voyant que sa femme lui échappe, il lui offre une Jaguar « pour l'épater ». Il faut croire que les belles voitures ne remplacent pas un compagnon, car elle finit par le quitter après quinze ans de quasi-abstinence sexuelle : « *Parfois, j'avais une petite autorisation. Elle ne prenait aucun plaisir. Elle levait les yeux au ciel en attendant que ça passe* »...

Sa troisième femme est une très jeune fille qui fait de Frédéric son idole. Elle a trente ans de moins que lui. « *Elle a réparé toutes mes blessures. Avec elle, j'avais tous les âges de la vie. Je me suis senti revivre. C'était une relation équilibrée. Nous pouvions travailler ensemble. Elle préparait certains de mes contrats.*

Elle me donnait l'occasion de remettre les compteurs à zéro. Je repartais sur des bases saines... » Mais au bout d'un an, alors qu'il est tellement heureux, elle tombe amoureuse de son psy-nutritionniste, d'un an plus vieux que Frédéric. Depuis, elle n'a plus un regard pour son ancien héros...

Frédéric est malheureux. Il ne comprend pas pourquoi les femmes le quittent. Il leur donne tout : la position sociale, la tendresse, les enfants, l'argent. Il leur propose même le mariage : « *Mais qu'est-ce qu'elles veulent de plus ?* »

ELLES VEULENT « ADVENIR À SOI »...

Les femmes veulent ce que veulent tous les amoureux : trouver en leur partenaire un soutien, un tremplin, une foi qui leur permette « d'advenir à soi » pour reprendre la belle expression de la psychanalyste Françoise Dolto, en parlant du rôle que jouent les parents auprès de leurs enfants.

Francesco Alberoni le confirme en montrant que le besoin de renouveau personnel est à l'origine de la passion. Ce n'est pas l'envie de tomber amoureux qui décide de l'amour (ni celle de rencontrer une personne belle, intéressante, etc.) mais le désir de devenir quelqu'un d'autre, dans une autre vie.

Quand il rencontre ses futures femmes, Frédéric semble leur proposer la révolution qu'elles attendent. Ses compagnes entrevoient la possibilité d'une vie plus riche, plus intéressante... Puis il les lâche en cours de route. Dès qu'il est affectivement rassuré sur l'amour qu'elles lui portent, il cesse de les considérer comme des compagnes ayant leur propre vie à construire.

Il ne s'inquiète plus de leurs désirs ou de leurs aspirations pour elles-mêmes. Il présuppose qu'ils sont toujours en phase ou refuse de les suivre...

Frédéric aurait-il perdu Nathalie s'il l'avait aidée à devenir peintre ? Aurait-il perdu la mère de ses enfants s'il avait compris qu'elle voulait si simplement former une « vraie famille » au moins le dimanche et faire de sa maternité une sorte de métier où il l'aiderait, en tant qu'éducateur, à exceller ? Et aurait-il perdu Lolita s'il l'avait aidée à se révéler en l'associant véritablement à ses affaires ?

Huit fois sur dix, les femmes sont à l'origine des ruptures. « Les motifs de divorce chez les hommes sont en règle générale liés à la baisse du désir physique, explique le sociologue Jean-Claude Kaufmann. Tandis que les femmes, elles, expriment une insatisfaction plus profonde de ne plus exister en tant que personnes, d'être devenues un rouage de la machine familiale. »

Là se situe la grande nouveauté des exigences féminines au sein du couple. Les femmes demandent à leur compagnon de les aider à se réaliser aussi.

Être aidés, révélés dans l'accomplissement de nous-mêmes, serait-ce la demande secrète que nous adressons à l'amour ? Pour Francesco Alberoni, c'est si vrai que nous pouvons rendre n'importe qui amoureux (du moins si cette personne aspire au changement). La recette ? « Lui témoigner une profonde compréhension, la conforter dans sa volonté de renouveau, l'encourager dans son sens et se déclarer prêt à partager le risque du futur en la soutenant, en restant à ses côtés quoi qu'il arrive et pour toujours. »

Prisonnier de vieux schémas, Frédéric n'a pas compris que les femmes aussi ont désormais un destin à accomplir. Et que, pour les garder, il faut les soutenir dans cette réalisation de soi et s'enquérir régulièrement de leur évolution car elles aiment se sentir « progresser » comme elles disent.

Quand leurs mères voulaient que leur couple dure, les filles, elles, veulent que leur couple « bouge ». Les hommes s'accommoderaient mieux de la monotonie avons-nous dit. Question de rythmes biologiques sans doute. En revanche, pour les femmes, « il y a un temps pour tout », mais pour quoi ? Elles comptent sur leurs compagnons pour les aider à remplir les blancs. Pauvre Frédéric ! Lui qui pensait les retenir avec ses épousailles et ses belles voitures : « *J'ai compris trop tard qu'une femme a besoin de se sentir intéressante.* »

Elles veulent du partage

Un couple dure aujourd'hui quand on a bien compris les rêves de son partenaire. Quand on l'aide à devenir qui il veut être au fur et à mesure de son évolution. On pourrait croire que ce sont des considérations sophistiquées ne concernant qu'une petite élite intellectuelle. Mais il faut prendre cette idée au sens large… Devenir une super maman pour ses enfants peut être un projet de vie ayant besoin d'encouragements. On peut aussi vouloir réussir dans son métier (ce qui demande d'être déchargée de certaines tâches ménagères) ou souhaiter avoir une vie sociale très animée. Ou encore vouloir devenir championne ! Ou encore réussir dans les affaires ou devenir « juste quelqu'un de bien » comme chante Enzo Enzo. Une fois que nous savons ce à quoi l'autre rêve pour son propre compte, il est facile de l'encourager, de l'accompagner, de se réjouir de ses progrès puis de ses succès, de croire en ses projets d'être ou d'avoir, de lui remonter le moral quand il se décourage, etc. Bref, d'aller dans le sens d'un devenir important pour lui…

D'ailleurs, peut-être n'est-ce que cela, cette mystérieuse intimité conjugale tant louée : le partage d'un rêve à réaliser ? Comment la « Première épouse » a-t-elle pu perdre son mari, après trente ans de mariage et quatre enfants ? Qu'est-ce que cette maîtresse-là (une femme apparemment quelconque et une de plus) a pu dire ou faire pour rendre fidèle et fou d'amour cet éditeur volage et de tout temps imprenable, qui en avait vu bien d'autres, et de plus brillantes, et de plus jolies ? Françoise Chandernagor nous livre la clef de l'énigme, dans une toute petite phrase. La maîtresse lui aurait dit que sa femme, écrivain, « l'aurait brimé en l'empêchant d'écrire, lui qui avait du génie »…

Frédéric se sentait un bon mari, puisqu'il mettait ses femmes largement à l'abri du besoin. Mais les femmes veulent-elles toujours qu'on les « protège » ? Désormais, elles savent se défendre et assumer leurs responsabilités. Elles ont moins besoin qu'on les mette à l'abri ou qu'on les conseille. L'erreur de Fabrice, un flambeur en faillite professionnelle, fut de chercher à préserver sa femme de leurs ennuis matériels. Il a voulu assumer seul « pour la protéger » (encore ce maître mot !) en craignant qu'elle « ne soit pas assez forte pour supporter leurs problèmes ». Or, c'est le silence qu'elle n'a pas supporté. En découvrant le pot aux roses, elle s'est sentie infantilisée, trahie, « femme de personne ». Selon elle, si leur couple ne pouvait pas partager le pire (comme ils avaient partagé le meilleur), alors ils n'étaient plus un couple.

Elles veulent de la considération

Les femmes veulent enfin de la considération pour ce qu'elles sont et ce qu'elles font. À la vie familiale, elles sacrifient encore beaucoup plus que les hommes en assumant quotidiennement entre deux et cinq heures de tâches domestiques de plus que leurs conjoints. Par souci d'harmonie et parce que certaines aiment que les choses soient faites à leur façon, elles ferment les yeux sur le déséquilibre. Mais qu'on ne s'avise pas de leur faire des critiques !

Le pacha qui s'affale le soir devant la télé, sa télécommande à la main, en déclarant : « C'est dégueulasse ici ! », court droit au divorce.

De même l'homme qui tend son verre pour qu'elle lui serve son petit whisky du samedi soir avec, en bruit de fond, le bébé qui pleure, le téléphone qui sonne et l'aîné qui gémit. Il ne comprend rien à son problème : le prof de math est nul !

Qu'on ne les prenne pas pour la bonne, voilà le minimum. Les femmes veulent de la reconnaissance. Et de temps en temps, une surprise : le ménage fait, le couvert mis, le repas prêt en signe de remerciement.

Dans une enquête de l'hebdomadaire *Le Point* sur les célibataires, le Dr Joëlle B. raconte comment elle a divorcé.

À l'hôpital où elle travaillait, elle avait de gros problèmes. Son service était menacé de disparaître et les réunions se succédaient. Elle rentrait tard. Un soir, en prime, une urgence. Il est 20 h 30, elle téléphone chez elle :

– Ne m'attendez pas pour dîner !

– On ne t'a pas attendue.

– Vous m'avez tout de même laissé quelque chose ?

– Euh ! je ne crois pas...

Bilan : pas soutenue dans son combat à l'hôpital, pas épaulée à la maison, pas considérée pour cette intendance qu'elle assumait tous les jours depuis tant d'années et malgré son travail prenant. Les hommes savent-ils, par exemple, que ce ne sont pas des générations spontanées de pommes de terre sautées qui arrivent dans leur assiette, mais des tubéreuses qu'il a fallu choisir, payer, mettre dans le coffre de la voiture, déballer à la maison, faire cuire, éplucher, couper en rondelles, etc., soit neuf opérations ? Le soir même, le Dr Joëlle B. prononçait la fameuse petite phrase qui tue :

– Charles, je crois qu'il vaut mieux qu'on se sépare...

Après la rupture, entre rires et larmes...

L'âge n'est plus un frein à la séparation. En 1998 (deux fois plus qu'en 1980), près de 10 000 épouses de 50 à 55 ans ont demandé le divorce parce que les hommes n'ont pas su être à leur écoute. Parce qu'un jour, elles se sont demandé :

– Le mariage, qu'est-ce que ça m'apporte ?

Réponse : rien. Pas de vie à moi, l'ennui, les corvées...

Et ensuite ? Elles oscillent entre rires et larmes. « La solitude n'est supportable que soutenue par l'espoir d'un nouvel amour, plus facile à retrouver pour un homme que pour une femme », constatait Jean-Claude Kaufmann dans son livre *La femme seule et le Prince Charmant.*

En effet, les « singles » , les « solos » comme disent les publicitaires sont des hommes plutôt jeunes et des femmes… plutôt mûres. Autre problème de la solitude, un train de vie en baisse de moitié environ. « *La solitude, c'est bien quand on a un boulot passionnant, très prenant et bien payé* », observait avec bon sens une quinquagénaire célibataire qui « *n'avait pas le temps de s'apercevoir qu'elle l'était* ».

Difficile encore d'élever ses enfants seule. Une enquête américaine datant d'une dizaine d'années affirmait que près de 60 % des femmes regrettaient leur divorce un an après la rupture…

Que peut-on en conclure ? Qu'une rupture se mûrit et qu'il ne faut pas se précipiter pour essuyer les plâtres. « Les femmes sont dans une logique de décolonisation, déclarait Robert Gellman, psychiatre et président de l'École française de sexologie. Elles ne sont prêtes à renoncer à rien : ni à leur carrière, ni à leur idéal masculin. C'est pour beaucoup une situation épouvantable… »

Mais moins épouvantables peut-être que certaines unions dans lesquelles nous nous sentons plus seules que… seules.

C'est à voir…

Chapitre XIII

Oser la solitude… accompagnée

Quand l'amour nous fait mal, celui ou celle que nous aimons opère souvent comme une drogue. Nous savons qu'il est mauvais pour nous. Nous savons qu'un nouveau contact nous apportera frustrations et douleurs, mais nous ne pouvons pas faire autrement. La voir ou l'appeler… il le faut parce que cette voix, ce visage nous apaise autant qu'il nous détruit.

Entr'apercevoir son visage provoque une émotion intense, l'effleurer du bout des doigts, une décharge électrique. Quelque chose en nous réclame toutes ces sensations fortes. Nous les attendons comme des électrochocs relançant notre cœur, notre vie qui, sans eux, serait aussi triste et sombre qu'une nuit sans lune. De ce fait, quand décline la passion, vite nous relançons la douloureuse machine par des souvenirs, des fantasmes, des tourments. Sommes-nous amoureux de cette personne ou de l'amour lui-même ? Avons-nous de l'estime, de l'admiration pour cet homme ou cette femme ? Ou bien sommes-nous accrochés à ce qu'il ou elle représente, à savoir une obsession qui nous comble de sentiments, de sensations, de joies et de malheurs mêlés ? On ne sait plus si c'est une chance ou une fatalité mais, en tout cas, n'est-ce pas mieux que le rien ?

AFFRONTER SON VIDE INTÉRIEUR

Si cette description nous ressemble, alors nous sommes des drogués. Il nous faut notre dose de l'impossible amour. Sans elle, nous n'existons plus. Nous ne vivons plus. Je me rappelle Bruno qui, sept ans après une rupture amoureuse, continuait de humer régulièrement le kilt que sa dulcinée avait oublié chez lui, de collectionner ses photos et… une rognure d'ongle. Elle était « la femme de sa vie », disait-il. Et personne, en l'écoutant, ne pouvait douter de sa sincérité et de sa souffrance…

Cependant, on apprenait au cours de l'émission télévisée dans laquelle il témoignait que, lorsqu'il vivait encore avec la jeune femme, son amour n'atteignait pas cet absolu. D'ailleurs il la trompait, abondamment. Il n'avait commencé à l'aimer aussi radicalement qu'après son départ. Quand leur amour était devenu impossible.

Comme Bruno, il se peut que, sans le vouloir, nous entretenions la souffrance d'aimer, par peur d'affronter ce qu'elle cache : des angoisses personnelles et profondes redoutant d'être mises à vif. Pour ne pas ressentir l'angoisse du vide affectif que nous éprouvons depuis l'enfance, nous l'avons recouverte des feux de l'amour. Une passion qui s'est avérée d'autant plus intense qu'elle nous résistait.

Pour guérir et en finir avec cette compulsion à aimer passionnément, la seule solution consiste à affronter ce sentiment de vide intérieur dont souffre l'enfant qui est en nous. Difficile de faire seul ce travail sur soi. Les psychothérapies dites « de soutien » aident non seulement à comprendre pourquoi et comment nous rejouons sans cesse la même histoire affective, mais elles aident aussi à tenir debout. Car il s'agit d'affronter l'échec amoureux d'aujourd'hui, mais surtout de renouer avec l'enfant souffrant que nous avons été et que nous sommes toujours.

Francesca décrit la passion comme « un manteau doublé

de feu », un manteau merveilleux qui tient chaud, mais qui brûle en même temps. Sans la passion et face à son vide intérieur, autrement dit sans son manteau, elle a froid, elle a peur. Elle se sent nue et démunie, mais elle apprend à se recouvrir de voiles qu'elle superpose peu à peu. Elle se découvre des ressources, des soutiens, des refuges bienfaisants autres que l'amour. Elle a sa maison. Elle a la peinture. Elle a le soutien de sa psychothérapeute. Elle a ses amis. Elle a l'Italie, son pays natal…

Parfois, elle claque des dents. Elle voudrait replonger dans la passion, qui lui fait du bien autant qu'elle la détruit. Mais elle tient bon pour réapprendre à vivre sans dépendre de personne. Elle renoue avec la jeune fille qu'elle voulait être autrefois. Elle apprend à se réchauffer seule et de mille manières : plus jamais elle ne laissera « quelqu'un représenter le manteau tout entier »…

Comme Francesca, osons rester seul quelque temps pour découvrir ces voiles de douceur qui nous apportent le bonheur. Apprenons ce qui nous fait plaisir, ce qui nous fait du bien indépendamment de l'amour. Il faut dépasser le sentiment de vide intérieur qui nous habite, donner un sens à sa vie sans amour. Découvrir la joie de vivre indépendamment de la romance. « Quand on pense plus à son propre bien-être, à sa sérénité qu'à la recherche de l'homme (ou de la femme) idéal, alors on devient capable de choisir des partenaires avec lesquels des rapports sains sont possibles », écrit Jan Bauer dans son livre, *L'amour impossible. La folie nécessaire du cœur.* De plus, moins on dépend de son partenaire pour son bonheur, plus la vie à deux devient enrichissante.

Quand l'amour raté donne une vie réussie

« Le dessein de la douleur est de susciter l'impulsion vers le progrès, le besoin d'aller de l'avant, de savoir ce que nous vivons, de donner du sens… La passion nous remet en contact avec nos expériences passées et nos possibilités futures. Elle nous révèle nos blessures et nos aspirations », poursuit Jan Bauer. Comme si la douleur était une chance offerte à la bonne santé affective, comme si elle fournissait l'occasion d'aller à la rencontre de soi-même. Nous aurions tous préféré n'avoir qu'un seul amour heureux et pour la vie. Mais puisque la blessure est là, servons-nous d'elle pour nous guérir définitivement des combats affectifs, des amours impossibles et des causes perdues. Les rendez-vous manqués de l'amour impossible veulent nous révéler qui nous sommes et ce que nous voulons. Ils ont dévoilé nos rêves secrets et mis à jour ce qui, dans notre vie, demeurait en jachère. Ce qui jusque-là avait été négligé, nié, désavoué.

« Lorsque nous nous éprenons de la mauvaise personne, nous nous éprenons de notre ombre » explique Jan Bauer. Notre ombre ? La part de nous-mêmes qu'on ne veut pas connaître. Celle qui nous fait honte. Celle qui reste en veilleuse. Le prêtre amoureux de sa paroissienne révèle que la chasteté lui est intolérable. Le roi s'éprenant d'une femme divorcée comprend à quel point l'étiquette lui pèse : comme il aurait voulu être un homme ordinaire ! Francesca, en s'éprenant d'un homme qui ressemble trait pour trait à son père, réalise qu'elle est encore une petite fille en amour. Quant à Patrick, il ne comprend pas comment il peut rester avec une femme aussi froide et imbue de son auguste personne… Mais en l'épousant, il croit avancer vers la lumière. Cet amour lui révèle la très basse estime dans laquelle il se tient.

Qu'envions-nous le plus à ceux que nous aimons ?

Et que penser de ces « guérisseurs » qui tombent amoureux de personnalités fragiles qu'ils pensent pouvoir aider ? Ces Bons Samaritains sont des âmes fortes qui ont toujours serré les dents. Ils ont assumé leurs parents, leur travail, leurs enfants avec un égal sens des responsabilités et une impeccable façade de maturité. Mais aujourd'hui, ils aiment un pauvre oiseau blessé alcoolique, toxicomane, une petite fille, un paumé… Ils aiment en elle, en lui, leur enfant intérieur trop fragile, trop sensible, trop souffrant, qu'ils n'ont jamais pris la peine d'écouter et de consoler…

A contrario, les trop naïfs, trop sensibles s'éprennent de méchants qui se moquent d'aimer, de salauds, de menteurs et d'êtres sans morale qu'ils admirent en secret, eux qui sont tellement soucieux d'être aimés et bien vus. À la suite de Jung, le psychanalyste dissident et contemporain de Freud, nous appelons « ombre » notre part de lumière étouffée. Cherchons ce qui était enviable dans la personne aimée. C'est facile, il suffit d'invoquer les reproches que nous lui adressions. Et nous découvrirons les besoins qui, en nous, demandent à être satisfaits. Si, trop affectifs, nous aimions (et détestions) sa froideur… cultivons la distance. Si, trop conformistes nous aimions (et détestions) son originalité, libérons notre conformisme… Si, tellement sociables, nous aimions (et détestions) cet « ours », devenons plus sauvages et sélectifs. C'est ainsi que les amours ratées peuvent conduire à des vies réussies. Elles nous montrent la voie de notre accomplissement. Elles nous mettent en contact avec une vérité intérieure qu'il nous faut commencer à servir.

Paradoxalement aussi, la dépendance amoureuse nous montre le chemin de l'autonomie. Elle nous indique par quoi remplacer le manteau des passions… Osons quelque temps la solitude. Francesca ne veut plus aimer, ne veut plus rêver. Elle veut se connaître.

La solitude n'est plus ce qu'elle était

La solitude n'est plus ce qu'elle était : un désert affectif qui frappait les vieilles filles, les vieux garçons ou les veufs après la mort de leur conjoint. Une personne sur trois, annoncent les sociologues, ont vécu, vivent ou vivront une période de vie en solo. De plus, il s'agit désormais, comme l'a montré Jean-Claude Kaufmann, d'une solitude… accompagnée.

France vit seule avec… son fils, un gamin de treize ans remuant et bourré de taches de rousseur. Elle a aussi son « ex » avec lequel elle ne pourrait plus vivre ni faire l'amour, mais qui reste le centre masculin de son existence actuelle. Le « père de son fils » vient déjeuner au moins une fois par semaine. Et une fois par an, ils font un voyage à trois pour que Simon retrouve les bonheurs de la vie de famille.

France a aussi plusieurs amants : un homme marié délicieux qui, ayant un jour été trompé par sa femme, a décidé d'en profiter aussi. France est son amie de cœur. Ils ne sont amoureux ni l'un ni l'autre, mais ils aiment se donner du plaisir. Elle a encore Thomas. Il est fonctionnaire comme elle. Il habite à trois cents kilomètres, mais ils s'écrivent régulièrement des lettres sensuelles et se passent de longs coups de téléphone. Lorsqu'il vient la voir à Paris, ils font l'amour après un dîner délicieux dans un bon restaurant (j'oubliais de préciser qu'ils se sont connus par petites annonces).

Autre pilier de son existence, Tristan. Elle le connaît depuis dix ans mais, étant mariés chacun de leur côté, ils n'ont pas fait attention l'un à l'autre jusqu'aux retrouvailles. Une sorte de coup de foudre ! Hélas, quelques mois plus tard, le beau Tristan est tombé malade. Il est devenu son enfant, son frère, l'homme qu'elle n'abandonnera jamais… Faut-il encore parler de toutes ses copines et copains, de Fabrice avec lequel elle va à la piscine, de Marco avec lequel elle fait du ping-pong ou de Thierry : il n'était pas très doué pour les câlins mais il est devenu un ami fidèle. Souvent, il passe la voir le week-end… Vous avez dit solitude ?

CHAPITRE XIV

En finir avec les croyances sur l'amour

Si nous sommes faits pour le couple et l'amour, rien ne remplace évidemment la merveilleuse impatience de retrouver chaque soir en rentrant du bureau, le visage, l'âme, la peau, la tournure d'esprit de celle ou celui que nous aimons. Mais sommes-nous certains de ne pas préférer la liberté, la solitude ou l'ivresse des belles rencontres ? De plus, la vie associative, l'art, le travail, le sport, les amis, les copains, les voyages... procurent joie et bien-être demandés à l'amour. N'attendre le bonheur que de lui nous rend dépendant et souvent malheureux.

SANS AMOUR, ON NE PEUT PAS ÊTRE HEUREUX...

Cette triste idée que, sans un homme ou une femme à demeure, la vie ne vaut pas la peine d'être vécue nous rend mécontents de notre solitude et nous pousse à chercher l'amour où il n'est pas, à rester avec qui ne nous convient pas. « L'idéal du couple et de l'amour peut devenir tyrannique » constate Alain Corneau. « On peut très bien parvenir à la plénitude et au bonheur en vivant seul, en entretenant des relations ponctuelles ou encore sans avoir de sexualité. » Un peu plus loin il poursuit : « Il ne faut pas faire du couple une condition essentielle de l'existence car cela équivaudrait à considérer comme des "anormaux" ceux et celles qui n'arrivent pas à s'y adapter… Il existe des vocations : celle du couple, celle de l'homosexualité, celle du célibat et celle du donjuanisme. Des vocations, c'est-à-dire des "appels de l'âme" qui cherche, à travers cette forme de vie, son expression la plus juste. L'accepter éviterait de tout juger, de tout condamner et… de tout expliquer. »

Cherchons notre expression la plus juste… Et si nos échecs amoureux voulaient nous y aider ?

Dans un couple, il y en a toujours un qui aime plus que l'autre

Cette croyance explique que nous restions trop longtemps dans des histoires d'amour impossibles. Que nous nous acharnions à nous faire aimer plus et mieux, quand l'autre n'y tient pas. Que nous acceptions d'avaler des couleuvres, de supporter humiliations et indifférence. Dans l'amour, tout est partagé, y compris les sentiments. De même, méfions-nous des classifications : « Les hommes sont la raison, les femmes les sentiments. Les hommes viennent de Mars, les femmes viennent de Vénus… »

Sans doute existe-t-il quelque chose de culturellement vrai, voire de biologiquement fondé dans ces affirmations, mais ne les prenons pas au pied de la lettre. Quand elles n'aiment pas, les femmes viennent de Mars. Quand un homme est amoureux, il vient de Vénus et il est tout à fait capable de perdre la tête…

On m'aime… puisque j'aime

Quand nous aimons, nos sentiments sont si forts, si beaux, si exceptionnels que nous ne pouvons pas penser qu'ils ne soient pas réciproques. Il ne se peut pas, croyons-nous, que cet élan du corps et du cœur, que ces « fatals transports » décrits par Racine et Corneille, ne nous portent pas l'un vers l'autre. Et pourtant ! Dans l'amour, nous inventons aussi l'amour. Nous fabriquons les rencontres, les baisers, les échanges avant même qu'ils n'arrivent et c'est ce rêve qui nous attache.

Certaines personnes souffrant d'érotomanie vont jusqu'à inventer de toutes pièces le grand amour que nous leur porterions, jusqu'au harcèlement. La romancière Patricia Highsmith a fort bien décrit ce symptôme dans un livre intitulé *Ce mal étrange*. Un mal étrange qui peut nous porter à voir des « signes » d'amour dans une banale pression des doigts, un regard soutenu, un oubli interprété comme une « fuite », etc.

« Il n'y a pas d'amour, écrivait Shakespeare, il n'y a que des preuves d'amour. » La phrase fut si souvent attribuée à d'autres penseurs comme Jean Cocteau ou Marcel Proust… qu'elle doit parler à notre expérience. En effet, l'amour ne se « lit pas dans les yeux », il se vérifie dans les actes. Il passe par des attentions, des cadeaux, des déclarations, des lettres, des coups de téléphone… Il passe par le souci de notre bien-être. D'ailleurs, qu'importe d'être aimé si rien ne le prouve ou si on nous le fait payer tellement cher, par des violences sans nom. Alors, ce n'est plus de l'amour, c'est du terrorisme. Aimer… c'est aimer que l'autre soit heureux et tout faire pour son bonheur, y compris lui donner du temps.

Tout le monde a besoin d'amour…

Non ! Certaines personnes se moquent absolument qu'on les aime. Ce qui compte pour elles, c'est éventuellement d'être reconnues, entourées, admirées, respectées, occupées ou d'avoir la paix. Elles ont généralement une assez haute estime d'elles-mêmes ou de leur tâche pour ne pas avoir besoin de cet amour qui en réconforte tant d'autres. Certains fuient même devant l'amour en se demandant ce qu'on va bien pouvoir leur demander en échange…

Nous avons besoin d'amour puisque nous lisons ce livre. Il est pour nous la valeur-ressource, la panacée, celle qui nous guérira de l'ennui, du manque de confiance en soi, de la peur de la solitude… Des hommes, des femmes se sont créé d'autres remèdes et c'est leur droit.

L'amour peut tout

Y compris s'esquinter la santé à tirer de l'amour d'une pierre. Il peut tout quand il est encouragé, partagé. Par amour on est capable, comme ceux et celles que j'ai rencontrés, de réussir son permis de conduire (à la treizième fois), d'apprendre le roller à quarante-quatre ans, de vaincre sa phobie de l'eau, de passer à la télévision, de faire la grève de la faim, de perdre trente-quatre kilos, de parcourir huit cents kilomètres dans le Grand Nord, de devenir une cuisinière émérite en commençant par apprendre à cuire un œuf au plat, d'apprendre le russe, etc. Mais, face à des gens qui ne peuvent pas ou ne veulent pas se laisser aimer, l'exploit ne sert à rien. Pire, l'amour s'esquinte, s'humilie, s'aigrit et tourne parfois au grotesque.

Avec moi ce sera différent…

« Moi, il ne me trompera pas. Moi, il ne me battra pas. Moi, elle m'aimera. Avec moi, il travaillera moins. Avec moi, elle aura du plaisir… » L'amour a de ces prétentions… Pourquoi donc serait-ce différent ? Parce que nous aimons ? Mais les autres aussi aimaient. Parce qu'ils nous aiment vraiment ? Mais les autres aussi étaient « vraiment » aimés. Sans vouloir jouer les oiseaux de mauvais augure, méfions-nous d'un optimisme excessif. Beaucoup de ceux qui sont entrés en amour avec cette illusion ont regretté plus tard de ne pas avoir connu

« les autres, les ex » qui les auraient prévenus : de cet amour-là, il n'y avait rien à tirer de bon.

Ce n'est pas de sa faute si…

Mais si. Nous sommes tous responsables de ce que nous sommes et de ce que nous faisons. Et si notre comportement nous échappe (malgré le désir que nous prétendons avoir d'en finir avec nos défauts), alors il existe des médecins, des psychothérapeutes pour nous aider à changer. Chaque personne qui le veut a les moyens de ne plus faire souffrir les siens. De plus, toutes les névroses ne sont pas également antipathiques. Certaines sont altruistes (trop de sollicitude, de bonté, de naïveté peut-être…) mais d'autres sont franchement odieuses, ne pensant qu'à elles-mêmes, malhonnêtement, méchamment. Des éléments l'expliquent : l'enfance malheureuse, les drames… mais rien ne l'excuse et surtout rien n'oblige à supporter ça.

L'amour ne dure pas

Pourquoi tant de méfiance vis-à-vis du bonheur et de l'amour ? Pensons-nous que l'amour n'existe pas, qu'il est une illusion, un fantasme ou bien pensons-nous ne pas le mériter ? Mais bien sûr que l'amour dure. On peut même dire qu'il s'enrichit avec les années, les souvenirs en commun, les joies et les épreuves partagées. Même l'amour physique continue longtemps quand l'intimité apprend à se dire et à se vivre. C'est au fil des années que tombent les peurs, les barrières, que se trouve la bonne distance affective, que se liment les habitudes pour ne plus se heurter et que l'amour, loin de se lasser, peut enfin donner et recevoir sa pleine mesure sans craintes, sans reproches.

On n'aime vraiment qu'une seule fois, ou (variante) « chaque pot a son couvercle »

C'est beau, c'est romantique mais c'est faux. On peut aimer plusieurs fois et aussi fort à chaque fois, du moins si nous nous laissons aller à l'amour. Francesco Alberoni l'a montré : nous tombons amoureux non pas quand nous rencontrons la bonne personne, mais quand nous sommes décidés à nous abandonner. Ainsi ces fameux coups de foudre nous laissant croire à une « révélation » sont en fait précédés de quantité d'essais témoignant de notre appétit d'amour. Enfin, voici une personne qui nous plaît et nous met en confiance. Alors, nous baissons la garde. Ensuite, le fantasme et la légende font le reste. C'était lui. C'était elle et personne d'autre…

Autrement dit, nous tombons amoureux quand nous sommes mûrs pour l'être. Cette observation est si juste que nous pouvons croiser tel copain ou copine pendant des années sans lui prêter une attention particulière et avoir soudain la révélation qu'il est le Grand Amour de notre vie. Ensuite, nous ferons tout pour nous adapter l'un à l'autre et devenir le « bon couvercle pour le bon pot »…

Cette donnée doit nous rendre très optimistes sur l'amour et sur le bonheur. En effet, dans ces conditions nous ne pouvons manquer de croiser sur notre route des hommes et des femmes ne demandant qu'à nous aimer. Pourvu que nous restions dans la course à l'amour (il faut y croire, il faut chercher), que nous sachions les mettre en confiance et comprendre leurs aspirations.

Un homme qui trompe sa femme ne l'aime plus…

Cette croyance est l'une des plus dangereuses. C'est elle qui a maintenu dans des relations sans lendemain quantité de « Madame deux… ». Un jour, elles apprennent, comme Emilie, que la première épouse (que leur amant est censé ne plus toucher) attend un… bébé. Oh ! Ils se glissent avec délice dans la bulle de bien-être et de sensualité que nous leur apportons mais, une fois rentrés chez eux, quelques-uns, certains, beaucoup ? oublient. Ils nous aiment d'une manière… discontinue. Ils restent très attachés à leur épouse, leurs enfants, leur mode de vie. Pourtant, soyons justes, ils divorcent aussi de plus en plus souvent. À nous d'évaluer nos chances, mais sans ignorer l'attachement de la plupart des hommes mariés à la femme… qu'ils trompent.

L'amour est un travail…

Si nous pensons que l'amour est un « travail », sans doute est-ce parce que nous avons dû, étant petits, faire des contorsions pour être regardés, aimés, acceptés tels que nous étions. Nous en avons gardé l'idée que l'amour se compose d'une succession d'efforts et de concessions à fournir. Qu'il faut, pour être aimé, sacrifier une bonne part de soi-même… Mais non, les ajustements de l'amour se déroulent sans efforts. Certes, on peut avoir des frictions sur tel ou tel détail de la vie quotidienne mais, sur le fond, ceux que nous aimons nous le disent : reste toi-même ! Ce sont précisément nos manières « uniques » d'être et de faire qui leur plaisent en bloc. Dans ce contexte, les ajustements nécessaires sont autant de cadeaux au partenaire, au couple et finalement à soi-même. L'amour n'est pas un travail : c'est un échange.

CHAPITRE XV

Et les enfants ?

L'idéal serait qu'ils puissent vivre heureux et paisiblement leur vie d'enfants entre deux parents qui s'aiment… En effet, il n'existe pas de bonnes solutions pour les enfants pris dans la tourmente des drames conjugaux. Mais il y en a « de moins pires… ».

AUJOURD'HUI ON « PART » POUR LES ENFANTS

Autrefois, les parents restaient ensemble pour les enfants. Aujourd'hui les mamans sont de plus en plus nombreuses à « partir-pour-les-enfants » parce que la vie familiale est devenue irrespirable. Et qu'elle perturbe l'équilibre enfantin, bien plus qu'elle ne le préserve.

Certains parents ont su inventer des manières atypiques de ne plus s'entendre, tout en ménageant leurs enfants. Maman habite la maison et Papa aménage la cabane du jardin par exemple. Ou bien Papa revient le week-end prendre les repas en famille. Le reste du temps, il est loin « pour son travail ». Ainsi les petits gardent-ils leurs deux parents sans assister à des disputes qui les déchirent. Dans leur désamour, ces grandes personnes savent rester adultes. Elles sont d'accord sur leur désaccord et d'accord aussi pour ne plus faire la guerre et ne plus faire l'amour…

Voilà pour les solutions les « moins pires ». Hélas, elles concernent rarement les amours qui font mal. Chez nous, ce sont plus souvent des scènes de ménage et des hurlements. À chaque fois, les enfants sursautent et… collent l'oreille à la porte. Une femme qui appelle « Femmes Infos Service » témoigne :

> – *Mes deux garçons de douze et quinze ans sont très proches de moi. Dès que je touche le fond, je puise en eux la force de ne pas baisser les bras. Mais leur père commence à devenir méchant avec eux. Il les rabaisse. Je leur dis : "Oxygénez-vous ! Ne vous inquiétez pas pour moi !"*

Néanmoins ce samedi, son fils, qui est exceptionnellement sorti chez un copain, l'appelle six fois dans la journée. Il veut s'assurer que sa maman va bien. En restant dans un couple violent, nous obligeons nos enfants à nous protéger. Nous inversons les rôles. « Ils deviennent nos parents. Ils restent à la maison parce qu'ils pensent qu'il y a moins de violence quand ils sont là ou qu'ils en prennent une part »… constate Maïté Albagly.

Nous voulons croire que nous préservons nos enfants. Nous espérons – comme ils travaillent bien en classe –, que nous les épargnons mais c'est faux. Dans le secret de leur cœur et de leurs silences, ils sentent tout, voient tout, savent tout. Ils s'angoissent et s'inquiètent…

Le rapport du professeur Roger Henrion, déjà cité, révélait que 68 % des enfants sont témoins des coups. Une situation qui entraîne « un fort sentiment de culpabilité et des troubles psychologiques et du comportement ». De plus, il est rare que les violences physiques ou psychologiques ne s'abattent pas sur eux aussi. Dans ses nombreux livres, dont *Chemins de vie*, Alice Miller a montré les effets de cette maltraitance dans la vie des adultes. Gourous et dictateurs, a-t-elle souligné, ont été des enfants martyrs. De même, Donald G. Dutton insiste sur le fait que le point commun entre tous les hommes violents n'est pas d'avoir été forcément frappés par leur père, mais toujours humiliés par lui.

ILS EN VEULENT AU PARENT VICTIME

De plus, si certains enfants protègent le parent abîmé, d'autres le rejettent. Le témoignage de Jeanne en apporte la preuve poignante. C'est une femme courageuse. Quarante-six ans, trois grands enfants (deux ne sont plus à la maison), un mari qu'elle a adoré et qu'elle aime toujours, sans doute. Il est son premier et son seul amour. Ils se sont connus à seize ans et ils ont grandi dans la même cité. Il est beau. Il est charmant. Il a de l'humour. Il la bat quelquefois, mais elle a l'habitude : son père, déjà, lui donnait des raclées. À elle et à sa mère. Jeanne ne s'en formalise pas plus que cela. D'autant que les gifles sont plus rares depuis que les enfants sont grands : « *Il tenait à garder son image…* » Ce mari souvent paresseux, exigeant, est un père formidable.

Jeanne serre les dents. Elle se dit tantôt que c'est un « pervers moral », tantôt qu'elle se fait du cinéma et que « toutes ces humiliations se passent dans sa tête »… En refoulant ses peines, elle pense aussi à ses enfants. Ils aiment leur papa et elle s'en voudrait de ternir sa belle réputation. Bref, elle se sacrifie.

Lorsqu'elle appelle « Femmes Infos Service », elle est mariée depuis presque trente ans et elle parle d'en finir… Que s'est-il passé de plus que les autres jours ?

Il s'agit de sa fille Aurore, vingt ans, la dernière qui est encore à la maison. Au lieu de ranger soigneusement son linge repassé par sa mère, elle l'a poussé en boule au fond de l'armoire. Sa mère s'est fâchée comme l'aurait fait toute maman soucieuse que son travail soit respecté et :

– Ma fille a commencé à me crier dessus comme si j'étais une moins que rien. Elle a dit qu'elle comprenait pourquoi son père me traitait de salope… Il était là et il lui a donné raison. Le ciel m'est tombé sur la tête. Pendant des années, je me suis sacrifiée pour maintenir un noyau familial. Je voulais que ma fille ait une bonne image de son père (d'ailleurs, il ne l'a jamais tapée). J'ai tout caché à tout le monde. J'ai menti sur les bêtises, les affaires avec le juge… Je n'aurais pas pu en faire le huitième. On ne me l'aurait jamais pardonné. J'ai fait tellement d'efforts que je m'attendais à du soutien, à de la gratitude de la part de quelqu'un. Or c'est tout le contraire. Ma fille s'identifie plus à mon mari qu'à moi. Elle le trouve "cool et sympa". Elle me traite de "folle"… Je me sens écartée. Le père et la fille sont comme les doigts de la main. Ils font comme si je n'étais pas là et c'est moi qui pète les plombs.

Pauvre Jeanne ! C'est elle qui souffre et c'est elle qu'on punit. Comme elle a eu raison, Sara, de décréter à la naissance de sa fille que plus jamais un homme ne la battrait, ne l'insulterait, ne la maltraiterait… Il faut dire qu'elle sait de quoi elle parle. Elle en a tant voulu à sa propre mère de subir le pire sans broncher et de les laisser écraser, elle et ses enfants. « Les filles ont tendance à rejeter leur mère victime, observe Maïté Albagly. Les enfants préfèrent s'identifier au parent le plus fort, surtout quand ils observent le comportement incohérent de leur mère. Le soir, elle est battue mais, le lendemain, ils la voient cajoler son mari parce qu'ils se sont réconciliés sur l'oreiller. Ou parce qu'elle a peur et qu'elle veut se prémunir contre de nouvelles violences. Ce double jeu est vécu comme la suprême humiliation. »

Alix a trente ans aujourd'hui et elle s'est depuis longtemps expliquée et réconciliée avec sa mère mais elle a mis longtemps à lui pardonner d'être « lâche ». Sa mère n'était pas battue, elle était ignorée :

– Mon père était un médecin de campagne. Il se prenait pour un grand homme. En épousant ma mère, il avait fait une mésalliance. C'était lui qui l'avait voulue. Tant qu'elle l'avait refusé, il lui avait fait des déclarations d'amour passionné. Puis elle avait attendu un bébé. Il l'avait épousée et, la sachant à sa merci, ne lui avait plus jamais témoigné d'égards. Pire, il la méprisait. Il ne l'emmenait pas dans certaines soirées de sous-préfecture sous prétexte qu'elle n'était pas "à la hauteur". Ou bien il marchait très vite devant elle dans la rue, en faisant semblant de ne pas la connaître. Et elle se laissait faire ! Je lui en voulais de ne pas se révolter, se battre, répliquer. Je la trouvais minable et je ne voulais surtout pas lui ressembler plus tard. Alors, j'ai pris la place qu'elle aurait dû tenir. Je suis devenue la femme de mon père. Je prenais tout en charge : les repas, le ménage et même l'éducation de mon petit frère qui avait fini par m'appeler "Maman".

On reste ou on part… toujours pour soi

D'autres enfants supplient leur mère de quitter leur père. Cette prière n'empêche pas les regrets que « ses parents ne soient plus ensemble », ni la souffrance au moment de la rupture, mais il permet d'éviter ce que Claude Héraud qui est thérapeute de couple, appelle « les effets pervers » du rester-ensemble-pour-les-enfants. « Le parent privé d'une relation affective avec son conjoint risque de surinvestir l'enfant et de reporter sur lui des sentiments et des aspirations qui ne lui sont pas destinés ». Et cela peut être lourd à porter d'être celui qui "fait vivre" son père ou sa mère. » Perverses aussi sont ces prises à partie où l'enfant est amené à défendre un parent contre l'autre. Il essaie de les protéger, de les venger, de les réconcilier. Ce faisant, il se « parentalise » pour que ses parents s'entendent bien…

Des relations glacées valent-elles mieux ? Sans doute sont-elles moins éprouvantes nerveusement parlant, mais comment leur image de couple va-t-elle se construire quand leurs parents dressent entre eux une barrière de froideur et d'indifférence ? Enfin, on pense à la répétition d'un scénario familial. Même Alix, qui pourtant s'en était défendue, a reproduit à son insu le schéma maternel. Elle a aimé un homme qui la prenait de haut. Il lui reprochait son manque de « rigueur », son absence de « féminité », ses seins « comme des gants de toilette », etc. Et elle se laissait faire… Pour « préserver l'harmonie familiale », ces mêmes raisons qu'invoquait sa mère. Elle qui lui avait tant reproché d'être rabaissée a mis dix-sept ans à quitter son mari, qui en faisait autant…

Il n'est jamais bon pour les enfants que les parents se maintiennent dans un amour toxique. D'ailleurs, 65 % des couples estiment que « rester ensemble pour les enfants » n'est pas une bonne idée (Source : *Francoscopies*, Gérard Mermet). Quant aux psys, ils affirment qu'on ne reste jamais pour les enfants, mais pour soi-même, « parce qu'on y trouve des bénéfices secondaires plus ou moins avoués, tels que la peur de perdre la sécurité, le confort matériel. Pas le courage de partir, angoisse à l'idée de se retrouver seul et généralement… plus pauvre », énumère Christine Ollivier-Gaillard, psychothérapeute. En effet, prétendre se sacrifier pour les enfants fait peser sur eux trop de poids. « Cela revient à dire que leur père ou leur mère a gâché sa vie par leur faute. Or, se sentir responsable du malheur de ses parents engendre un sentiment de culpabilité intense et crée une dette impossible à rembourser. »

Partons ou restons, mais en ayant conscience de le faire pour nous-mêmes. Même indirectement, ce ne sont pas nos enfants qui font notre malheur.

Quatrième partie

RESTER… AUTREMENT

La situation nous semble invivable. Nous sommes pris au piège. Incapables de partir. Mais incapables de rester, sans cruellement souffrir. Comment faire pour que la douleur et l'angoisse soient moins vives ? Il existe quantité de solutions, la principale consistant à casser la dépendance et les tourments qui l'accompagnent. Cessons en particulier de « chercher à comprendre ». Nous l'avons déjà tant fait, et sans résultat ! D'ailleurs, il n'y a rien à comprendre. Seuls des psys pourraient démêler le fil compliqué des raisons inconscientes poussant nos partenaires à ces amours incohérentes et difficiles.

Essayons plutôt d'avoir « la tête ailleurs ». Inutile de ruminer (en vain) tout ce qui a été dit ou pas dit, fait ou pas fait… Cessons d'attendre les coups de fil, les cadeaux, les déclarations d'amour, etc. Ce principe de précaution nous évitera à la fois des pertes de temps et des déceptions. Ne rien espérer, sur aucun plan, permet de n'avoir éventuellement que des bonnes surprises.

Multiplions aussi nos appuis à l'extérieur du couple, en élargissant notre « réseau » au travail, dans le quartier. Nous pourrons y puiser la chaleur, l'affection et la joie de vivre que l'amour, pour l'instant, nous refuse.

Enfin, c'est à nous et à notre bien-être qu'il faut penser en priorité. Toutes les activités qui nécessitent de la précision (peinture, bricolage, calligraphie, encadrement, maquettes, broderies…) favorisent la détente, tout en aidant à se recentrer sur soi-même. Les autres activités permettant de prendre un recul indispensable sont d'ordre spirituel : elles élèvent l'âme. Ce contact avec l'éternel (regarder le ciel, observer la nature, les arbres, l'eau qui coule, etc.) relativise nos difficultés, infimes à l'échelle du cosmos. Enfin, nous essayons de changer de regard sur cet amour, cet homme, cette femme, cette relation. Un jour, nous les avons choisis pour des qualités et des avantages qui continuent d'exister. Retrouvons-les !

CHAPITRE XVI

Retrouver l'estime de soi…

Pour les moins jeunes d'entre nous et principalement pour les femmes qui ont été élevées dans l'idée qu'elles étaient nées pour aider et aimer les autres en priorité, il existe une sorte de gêne à parler d'amour de soi. Comme si s'aimer consistait à s'installer devant un miroir et à se féliciter d'être si beau, si charmant, si séduisant. L'estime de soi n'a rien à voir avec ce genre de coquetterie, encore moins avec l'égoïsme ou le narcissisme. Il consiste plutôt, selon la jolie définition qu'en donnent Christophe André et Francis Lelord dans leur livre *L'estime de soi*, « à se sentir dignes d'amour et de respect, quels que soient nos performances et nos échecs ».

SE SENTIR DIGNES D'AMOUR ET DE RESPECT

On ne se laisse maltraiter, humilier, rabaisser, violenter… que si l'amour de soi s'est perdu dans l'enfance, faute d'avoir été stimulé par les soins, les caresses et les regards tendres de nos parents. Ce déficit d'amour de soi nous a rendus plus tolérants que d'autres à la maltraitance. Sans amour de soi, nous sommes dépouillés de ce garde-fou qui, au premier geste, au premier mot inadmissible provoquerait un sursaut ferme et irrévocable :

– On ne me traite pas ainsi !

S'il fallait trouver un point commun aux personnes rencontrées pour écrire ce livre, ce serait celui-ci : le manque d'amour de soi. Sara (qui se demandait pourquoi elle ne cessait de tirer de mauvais numéros) a fini par comprendre que le seul point commun de tous ses hommes était de l'avoir déconsidérée. À la suite d'un travail sur elle-même (comme on appelle maintenant les psychothérapies), elle l'explique par le remariage de sa mère avec un « parâtre » lorsqu'elle avait dix ans. « *Il nous martyrisait, mes frères et sœurs et moi. Il nous tapait, nous faisait boire de l'eau salée pour nous punir, ou dormir dehors, ou encore nous déshabiller devant l'école et rentrer tout nus à la maison, quand nous avions de mauvaises notes. À l'époque, personne ne protestait. Ma mère n'osait rien dire pour nous défendre ou se protéger elle-même. La mort de mon père, par noyade, l'avait vaincue. Ne pas prendre en compte ses propres besoins s'est transmis de mère à fille. Cela a fait partie de mon patrimoine éducatif…* », explique Sara.

Son premier mari l'oblige à des pratiques sexuelles qui la dégoûtent et, c'est un comble !, elle se sent coupable, sans imaginer qu'il puisse s'agir d'un abus. (Aux yeux de la loi, il y a viol – même dans un couple légitime –, quand l'un des deux n'est pas consentant).

Le second joue son salaire au jeu : « C'est mon argent », disait-il. Mais vivaient-ils seuls ou à deux ? Le troisième lui prend son salaire, son énergie, son temps, son affection sans rien lui offrir en échange, même pas quelques heures de partage des tâches. Le sixième, elle l'a dans la peau. Elle lui fait comprendre qu'elle ferait n'importe quoi pour lui. Il en profite. Macho, il la siffle pour qu'elle le serve. Quant au dernier, c'est un pervers qui non seulement l'exploite, la manipule, la rabaisse mais qui, en plus, met en œuvre ce qu'il a décrété :

– Je vais te casser !

Heureusement pour elle, Sara n'en conclut pas que tous les hommes sont ceci ou cela. Elle finit par penser qu'elle choisit mal ses partenaires. Il faut dire qu'elle ne se demande jamais si elle les aime, les estime, apprécie leurs qualités, si elle pense qu'ils vont lui apporter de la tendresse, du plaisir et l'enrichir d'une quelconque manière… Les aimait-elle ? « *Je ne sais plus. Je voulais absolument les aimer parce que j'avais besoin qu'ils m'aiment. J'étais prête à tout avec n'importe qui pour recevoir et garder un peu d'amour…* »

Fidèle à « son patrimoine éducatif », elle dédaignait ses propres besoins. Sa seule crainte, en rencontrant un homme, était que lui ne l'aime pas. Ou qu'il cesse de l'aimer, si bien qu'elle acceptait tout jusqu'au jour où, n'en pouvant plus, elle finissait par le quitter. Brutalement.

Après plus de vingt ans d'échecs amoureux et pour que la répétition des situations ne se reproduise plus, elle a pris la décision majeure de sa vie. Une décision irrévocable : « *Je ne me laisserai plus jamais humilier, maltraiter. Plus jamais on ne me manquera de respect.* »

Sans agressivité mais avec conviction

Sara estime que ses difficultés à exister dans la relation ont gâché plusieurs de ses liaisons. Car certains, parmi ses hommes, étaient de très bonne volonté. Tous ont regretté son départ. Aucun n'a compris pourquoi elle l'avait quitté sans prévenir. Ignorant tout de son malaise, de ses ras-le-bol, ils avaient eu l'insouciance de croire que tout allait bien. Son troisième amour, par exemple, chômeur, aurait très bien compris qu'elle lui demande des efforts et un peu plus d'équité dans le partage des tâches et du travail. De même pour celui qui est devenu presque son frère : « *Il aurait suffi que je lui parle,* reconnaît Sarah, *que je lui dise simplement que j'avais beaucoup changé en dix ans et que j'avais besoin désormais de sortir de ce rapport papa/petite fille dans lequel notre couple s'enlisait…* »

« *Mais j'avais une telle peur de ne plus être aimée que je n'osais pas dire ce que je pensais, ce qui m'énervait et ce que je voulais. Je faisais semblant d'être heureuse. Je trichais, je n'étais pas moi-même pour continuer de plaire. Et quand la situation devenait irrespirable pour moi (et pour ne pas affronter la colère ou le désamour), je prenais la fuite.* »

Nos relations en amour s'améliorent quand nous apprenons à nous aimer davantage, à occuper la moitié de la place dans le couple, à nous faire considérer à égalité. Sans agressivité bien sûr (mais l'agressivité naît du doute) et avec conviction. Quand nous sommes certains de notre bon droit, nous savons exprimer nos positions, nos désirs avec calme, précision, fermeté… Encore faut-il savoir ce que nous voulons ou au moins ce que nous ne voulons pas. Lorsque notre boussole, faussée par des consignes d'invisibilité ou de sacrifice héritées de l'enfance, nous pousse à donner trop, il peut être utile d'appliquer la loi, que certains jugeront mesquine, du donnant-donnant. Elle présente l'avantage de constituer un bon repère d'équilibre relationnel, du moins dans les débuts de la relation amoureuse.

Sinon, nous faisons comme Sara, nous donnons trop en attendant le retour de ce « bien » déversé. Ainsi nous espérons forcer l'amour. Nous essayons, par notre générosité et notre sollicitude, de nous rendre uniques, indispensables. Mais ceux qui n'ont rien demandé refusent le jeu et n'apportent pas plus. Il s'ensuit de l'amertume de notre part, de l'agacement du leur.

Un peu plus d'égoïsme et d'affirmation de soi allégerait la relation. Personne n'aurait de dette. « *Je m'entends bien avec les hommes parce que je ne leur demande rien* », constate une célibataire qui arrive à faire de tous ses amants, des amis. Ce souci de parité dans les échanges amoureux lui est venu en constatant que, donner trop, engendrait de l'attente et de la dépendance. Elle s'explique : « *Je souhaitais aux hommes leur anniversaire, je leur offrais des cadeaux, je les invitais à dîner à la maison, je leur préparais des week-ends surprise, je les aidais dès que je pouvais pour telle ou telle corvée. Chez eux, je faisais même le ménage… En échange, j'attendais évidemment des mercis, des cadeaux, des invitations. Mais ils finissaient par s'habituer à être gâtés et servis, comme ils l'avaient été autrefois par leur maman. Au bout du compte, j'attendais une égalité dans le don qui n'arrivait pas. Leur "égoïsme" me rendait pleine d'aigreur et d'amertume. J'étais à chaque fois déçue. Maintenant, je souhaite leur anniversaire une seule fois. Je fais un cadeau une seule fois et, si mes hommes ne suivent pas, j'arrête aussitôt et je n'attends plus rien. Ainsi, nous restons bons amis. Il m'arrive même d'avoir de bonnes surprises. N'étant plus pour eux une maman, certains me gâtent comme une femme.* »

Sans couleur, sans saveur, les caméléons…

Quand notre éducation nous a appris ce qu'est l'amour, la tendresse, l'affection… la crainte de l'abandon et du rejet existe, mais sans excès. Nous savons avoir confiance et dire sans crainte nos besoins, nos désirs. Nous savons par expérience qu'ils seront reçus calmement, comme des points de vue à négocier.

En revanche, quand nous n'avons pas pu être nous-mêmes sans faire scandale, sans être considérés comme des ingrats, il est très difficile, une fois devenus adultes, de nous affirmer dans la relation amoureuse.

Or, il y a deux risques à ne pas exister : le premier est de laisser s'installer des malentendus, des rancœurs, des insatisfactions. Ces broutilles finissent par former des volcans qui exploseront dans la rupture. Le second est de fabriquer ce que nous redoutons le plus, à savoir le désamour et le désintérêt. « *Pour qu'on m'aime, je m'adapte à l'autre. J'essaie de devenir ce qu'il veut que je devienne…* », disait Sara.

Mais cette optique caméléon finit par nous rendre très ennuyeux. Sans couleur, sans saveur… En cachant notre véritable personnalité, nous nous rendons fades. Nous privons notre conjoint d'échanges, d'intimité et de cette source précieuse d'enrichissement qui naît de la confrontation de points de vue différents.

Magali, par exemple, est une jeune femme vivante et curieuse qui « adore discuter ». Or, le beau et ténébreux garçon qu'elle vient de rencontrer la prive de sa personne, de ses souvenirs, de ses rêves. Il n'ose avoir ni désirs, ni besoins, ni projets. Il ne sait ni ce qu'il est, ni ce qu'il veut, ni ce qu'il peut. Heureusement, elle comprend le danger que représente cette absence à soi-même pour leur couple naissant :

– Sois toi-même, sinon, je ne saurai pas qui aimer…, lui dit-elle.

Il existe une dernière raison pour laquelle il faut absolument surveiller le niveau de son propre amour, de sa confiance et de son estime de soi comme on regarde de temps en temps le niveau d'huile de son moteur : ces indispensables ressorts de la joie de vivre sont très menacés dans les amours douloureuses. Parfois on les attaque directement en cherchant à nous rabaisser, nous humilier ou à nous faire porter le chapeau de toutes les crises du couple. D'autres fois, ceux qui ne peuvent pas ou ne veulent pas nous aimer – pour des raisons qui ne concernent qu'eux – cherchent à nous renvoyer la balle de leur incompétence affective.

Ils nous rendent responsables d'avoir le cœur sec et nous accusent d'être trop ceci ou trop cela… autant dire pas assez aimables ou peu à leur goût quand leur aridité sentimentale est seule en cause. Difficile encore de ne pas se sentir « vieux, moche et foutu », quand la grande passion de notre vie vient de nous plaquer pour un ou une autre, d'autant plus magnifié que nous ignorons à quoi ressemble notre rival.

Quand nous désespérons de l'amour et de nous-mêmes, allons faire un petit tour du côté des données de la confiance en soi (se savoir capable de faire…) et de la vision de soi (avoir une juste notion de ses qualités et de ses défauts) afin de les accueillir avec bienveillance. Nous découvrirons certainement qu'elles connaissent une baisse de forme, à doper d'urgence pour notre propre bien-être et pour la bonne santé du couple et des amours.

Nous avons besoin de toute notre confiance en nous pour vivre le bonheur d'aimer, mais aussi pour surmonter le malheur de n'être plus ou pas appréciés. Enfin, nous en avons besoin pour séduire. Car notre manière de nous accepter tels que nous sommes, avec nos limites et nos possibilités, fait notre séduction. En effet, pour plaire, il faut se plaire. Pour inspirer le désir, il faut se sentir désirable.

Dans les bacs à sable, les enfants veulent toujours la pelle et le seau du petit voisin. En fait, ils veulent devenir lui. Ils veulent entrer dans sa peau (devenir « ce Monsieur qui passe » comme chantait Serge Reggiani…) et éprouver SON bonheur à faire des pâtés.

Pour trouver l'amour, pour séduire des êtres sains et joyeux, il faut apprendre à croquer dans la vie et adorer faire des pâtés ou… des tas d'autres choses. Alors, on viendra nous emprunter pelle, seau et beaucoup plus si affinités.

Chapitre XVII

Comprendre les dysfonctionnements

Tous nos malheurs conjugaux et amoureux se résument en une seule méprise : « croire que les hommes et les femmes se ressemblent », expliquent dans leurs best-sellers respectifs John Gray : *Les hommes viennent de Mars et les femmes viennent de Vénus* et Deborah Tannen : *Décidément, tu ne me comprends pas.* Cette erreur nous porte à croire que nos partenaires veulent ce que nous voulons, réagissent comme nous réagissons, communiquent comme nous communiquons… C'est-à-dire à croire que les hommes sont… des femmes. Et les femmes des… hommes. Dans ce contexte, toute différence (et donc toute déception) est vécue comme un affront. Aucun doute possible : ils ou elles « le font exprès » !

Pour mesurer presque scientifiquement nos différences incarnées dans nos codes de langage, Deborah Tannen, qui est sociolinguiste, a filmé nos attitudes et enregistré nos discussions. Elle en a conclu (précisons néanmoins que les deux auteurs sont américains) qu'il existe de véritables « dialectes sexués » montrant que, si les beaux messieurs font comme ci, les belles dames font comme ça.

Mars et Vénus et leurs malentendus

Première constatation, chacun des deux sexes a besoin d'indépendance et d'intimité, mais les hommes mettent l'accent sur l'indépendance et les femmes sur l'intimité.

Deuxième constatation : pour les hommes, le statut joue un rôle crucial dans les relations humaines. Dans une conversation ou une activité, il s'agit d'avoir le dessus sur son vis-à-vis vécu comme un adversaire. D'où la réticence masculine à demander son chemin ou une augmentation, car ce genre de sollicitations place en position d'infériorité et rappelle la hiérarchie.

Les hommes ont une vision verticale des liens (être inférieur ou supérieur, être plus ou moins que l'autre). Tandis que les femmes en ont une vision horizontale. Elles pensent en termes de proximité ou d'éloignement. Elles sont plus ou moins amies avec... Elles se sentent plus ou moins proches de... En ce sens, les autres sont plutôt ressentis comme des partenaires potentiels. Elles recherchent les liens et la complicité. « Dès l'école, constate Deborah Tannen, les filles veulent être aimées et les garçons respectés. »

Troisième constatation, les hommes ont du mal à exprimer leurs sentiments, à parler et à s'occuper d'eux-mêmes.

Connaître toutes ces différences aide à jeter des ponts de communication entre les deux univers...

John Gray, le thérapeute de couple, résume ces différences par cette formule : les hommes sont les fils de Mars (le dieu de la guerre) et les femmes, filles de Vénus (la déesse de l'amour). Selon lui en effet, les hommes vivent dans un monde où le pouvoir, l'efficacité, la compétence et l'autonomie sont les maîtres. Tandis que pour les femmes, la recherche de l'harmonie dans les échanges et les relations serait la valeur clef.

Ces divergences de fond expliqueraient nos querelles et nos malentendus. Quand une femme commence à raconter les petits tracas de la journée, elle cherche l'échange et la communication. Mais l'homme souhaitant en priorité se sentir « utile » va l'abreuver de solutions dont elle n'aura que faire…

Autre sujet de dissension, l'instinct maternant des femmes. En nous toutes, sommeillerait une « éducatrice » cherchant à « perfectionner » et bonifier son partenaire pour le rendre, par exemple, plus attentionné, plus ordonné, plus fidèle. Ce qui, évidemment, aura le don de hérisser le poil de l'indépendant qui « sait ce qu'il a à faire » et qui ne supporte pas de résoudre ses éventuels problèmes autrement que… seul. Un homme, un vrai, a besoin de se sentir, tel Lucky Luke, *poor lonesome cow-boy* (pauvre cow-boy solitaire).

Pour clore ce détour par les « planètes hommes/femmes », précisons encore à la suite de John Gray que chaque sexe gère le stress différemment. Les Martiens se retranchent. Les Vénusiennes se répandent. Aux uns le silence, la caverne. Aux autres, le téléphone à en faire exploser son « forfait semaine ». Et pour agir, que nous faut-il donc ? Toujours la même idée : aux hommes le besoin de se sentir utiles. Aux femmes, celui de se sentir aimées. Traduction sur le versant amoureux : les femmes ne sauraient pas recevoir. Quant aux hommes ils auraient du mal à… donner. Et comme nous aurions, des deux côtés, tendance à aimer comme nous voudrions être aimés, les quiproquos, les déceptions et les dysfonctionnements… s'expliquent aisément.

Ces besoins et ces réactions si différents rendraient les scènes de ménage inévitables, voire souhaitables, pour apprendre à se mieux connaître. Voici quelques années, cette idée était tellement répandue que les psys semblaient prescrire sur ordonnance les scènes de ménage : « Les querelles du couple ont du bon », affirmaient-ils. Elles permettent de « remettre les compteurs à zéro » et d'évacuer l'agressivité inhérente à toute relation humaine. « Il vaut mieux que les petits conflits éclatent au fur et à mesure pour ne pas accumuler des contentieux…», etc. Des cinéastes leur emboîtaient le pas, tel Arnaud Despleschin en filmant : *Comment bien se disputer…* Le « bien se disputer » consistant à changer la dispute en « discute ». Un sondage Ifop-Nouvel Observateur nous apprenait qu'un couple se dispute en moyenne une fois par mois, en dehors des vacances (période hors stress), à propos des enfants ou du rangement de la maison :

– Ton fils est nul en maths !

– Où est passée ma deuxième chaussette ?

Une bonne « discute » ne durant que quelques minutes et se terminant par la reconnaissance des torts partagés. Ce n'était qu'un malentendu. L'enquête signalait aussi que pour faire passer l'orage, on… boude (la tactique du mur de pierres). Puis on parle plus calmement. L'examen de conscience et la concertation ont remplacé ce mélange de fougue et de mauvaise foi qui annonçait les grandes réconciliations sur l'oreiller.

Le dilemme des porcs-épics

Hélas, quand nous parlons d'amours destructrices, d'amours qui font mal… il s'agit d'incompréhensions dues aux différences de fonctionnement citées plus haut, mais auxquelles s'ajoutent des conflits d'une autre nature. Là, il n'est plus question d'anicroche, mais de véritables scènes d'une violence parfois inouïe, laissant les êtres dévastés et les couples en lambeaux. Dans ces affrontements qui nous marquent au fer, il est question de haine et d'angoisse, de danger et de peur. On ne sait ni comment la scène arrive, ni pourquoi. Nous savons seulement qu'elle nous déchire et qu'elle revient comme une tempête récurrente dans la relation. Viscérale, elle semble issue du plus profond de soi. Une rage, une colère, une haine dévastatrice se déversent en coups et en ignominies.

À quoi réagissons-nous si fort ? D'où vient la menace ? Quelle est cette peur qui nous étreint ? Autant de questions auxquelles nous et nos partenaires en tragédie doivent répondre, car ces scènes ont l'art de faire notre malheur et sans rien résoudre même si, entre deux guerres, sont proclamés quelques cessez-le-feu…

Tous les couples sont confrontés à ce que le philosophe Schopenhauer appelait le « dilemme des porcs-épics ». Tous les amoureux éprouvent les besoins également forts de s'unir et de se fuir. Besoin de s'unir pour se fondre en l'autre, s'oublier, se diluer comme le petit enfant dans le ventre de sa mère. Mais besoin de se fuir pour retrouver son identité, pour éviter de se perdre, pour échapper au risque d'anéantissement que représente la fusion. Dès lors, comme nos amis les porcs-épics, nous avons le choix entre nous rapprocher – et nous piquer – ou nous éloigner et… mourir de froid.

Chaque couple se confronte à cette question : quelle est la bonne distance psychologique entre nous deux ? Et si, dans ce contexte, les scènes de ménage se comprenaient comme des réajustements, des rappels à l'ordre, des signaux avertissant que l'on se situe ou trop près ou trop loin, psychologiquement parlant ?

Baptiste et Léonce vivent ensemble depuis trois ans et ils n'ont pas encore réussi à trouver leurs marques affectives. Léonce n'a que vingt-trois ans. Baptiste en a trente et pourtant, c'est la première fois qu'il vit avec une fille. Ingénieur, c'est un homme méfiant qui est habitué (déformation professionnelle) à imaginer le pire. John Gray serait content : c'est un Martien type. Il veut dominer, c'est-à-dire avoir systématiquement le dessus dans la conversation et dans la relation. Doté d'une intelligence et d'une culture hors du commun, il n'a aucun mal à clouer le bec de ses « ennemis » qui sont partout… jusque chez lui, via Léonce. D'ailleurs, il ne cesse de la corriger sur tout et rien. Pour le seul plaisir d'être le meilleur.

Elle, une Vénusienne type, est folle de lui. Elle pense qu'il a toujours raison et s'applique à devenir la femme parfaite qu'il souhaite. Cependant, le but n'étant pas de la rendre idéale, mais de continuer à la regarder de haut, il n'est jamais satisfait. Quand elle a réalisé une séance de ménage épuisante, il cherche la faute et finit par la trouver derrière le radiateur de l'escalier :

– Là ! Y'a encore des toiles d'araignées.

Et elle… pitoyable, de se sentir nulle.

Un jour pourtant, lassée de jouer les Vénusiennes si soucieuses d'harmonie, elle se défend et devient Martienne :

– Tu veux la guerre ? Tu l'auras…

Elle commence à rendre coup pour coup et leur relation devient un infernal « binz ». C'est à celui qui accablera l'autre avec le plus de cruauté :

– Ah ! tu vas voir derrière les radiateurs, eh bien moi, je vais te parler de ta manière de faire l'amour. Côté tête tu es peut-être au point, mais côté sexe…

– J'aime pas les sacs d'os !

– Ah ! parce que je suis un sac d'os…

Charmante ambiance. Qui se termine par une bouderie tacitement décidée. Elle peut durer plusieurs jours, voire plusieurs semaines. Baptiste n'est pas malheureux dans ce silence. Habitué à être seul et à s'occuper de ses affaires, il se plonge dans la lecture de la presse, écoute de la musique, regarde la télévision. Soudain, Léonce craque. Elle n'en peut plus ! Ce silence l'oppresse. Elle va devenir folle. Elle provoque une réaction :

– Évidemment, tu peux rester comme ça pendant des années ! Pas besoin de parler, rien à foutre des autres…

Passons sur les détails faciles à imaginer. Il finit par lui dire ce qu'il a sur le cœur et elle finit par… pleurer. Tout à l'heure, ils se haïssaient. Maintenant elle a si peur de l'abandon. Et lui l'aime tant. Ils terminent tout de suite, ou un peu plus tard, dans les bras l'un de l'autre. Ils ont eu si peur de se perdre qu'il faut se rapprocher. Leur odeur et leurs corps mêlés, ils se rendent compte à quel point ils sont précieux l'un pour l'autre. Ils s'adorent un, deux, trois jours puis une nouvelle crise explose… Trop près, trop de confusion entre leurs deux personnes. Ils se complètent si bien qu'ils ne savent plus qui est qui. Il faudrait qu'ils apprennent à « démêler le tien du mien » chantait Léo Ferré. La crise survient pour bien marquer les différences :

– Toi, tu penses peut-être comme ci, tu fais peut-être comme ça, mais moi, je pense et je suis autrement…

Il faut avoir une personnalité bien distincte et bien affirmée pour ne plus considérer la différence de l'autre comme un affront ou comme une menace. De même, pour ne plus avoir besoin d'imposer sa vérité comme étant la Vérité. Bref, il faut avoir beaucoup grandi, beaucoup mûri pour vivre un amour adulte.

Conflits à la verticale et à… l'horizontale

John Gray et Deborah Tannen ont le mérite d'avoir attiré l'attention sur les deux types de tiraillements possibles, tiraillements verticaux issus de la logique martienne (je suis plus ou moins que toi) et tiraillements horizontaux issus de la logique vénusienne (je suis trop ou pas assez proche de toi).

Dans le premier cas, les conflits surviennent quand le Martien ne domine pas assez ou n'est pas en position de se sentir utile ou de conseiller. Autrement dit quand il ne se sent pas un homme dans la relation, parce que sa compagne cherche, elle aussi, à s'affirmer, à exister telle qu'elle est et à faire entendre ses opinions, ses façons de faire et de dire (non pas pour vaincre mais pour se rapprocher).

Quant aux conflits horizontaux, ils surviennent quand la Vénusienne donne l'impression au Martien de forcer son intimité, en lui posant trop de questions sur ce qu'il est, sur ce qu'il pense, sur ce qu'il veut, sur ce qu'il fait. Elle appelle cela de l'échange et du partage et lui, du contrôle, de l'intrusion, une forme de viol. D'autant plus qu'il n'est pas très à l'aise pour parler de lui…

Certains hommes, dans ces discussions intimes, non seulement se sentent gênés, mais ils se sentent inférieurs parce qu'ils n'ont ni les codes psychologiques, ni les mots pour se dire… (Encore que les garçons, influencés par leur mère dans les familles monoparentales notamment, deviennent de plus en plus vénusiens et sans doute plus à l'aise dans l'intimité que leurs papas, élevés dans l'optique de l'affrontement guerrier et dominateur.) Bref, la déroute de certains hommes traditionnels face aux explorations psychologiques de leur femme est frappante.

D'ailleurs, le grand thérapeute et théoricien du couple Jean-G. Lemaire, auteur de *Le couple sa vie, sa mort*, qui aurait voulu intituler son livre : « Le couple ça vit, ça mord », insiste sur le fait que jouer à devenir le psychothérapeute de son partenaire est une très mauvaise idée. Lui faire croire que nous l'avons percé à jour, que nous en savons plus sur son compte que lui-même, est vécu comme un abus de pouvoir, comme une intrusion intolérable provoquant, presque à coup sûr, des envies de fuite et de rupture.

Les couples harmonieux et qui durent, sont ceux qui ont le même besoin de distance psychologique. Ils s'entendent bien pour être proches, un peu (les couples qui se parlent peu), beaucoup, passionnément ou à la folie pour les couples très fusionnels. Ils s'entendent aussi dans les relations verticales pour laisser l'un ou l'autre « porter la culotte », ou détenir le savoir (relation maître/élève) ou encore pour avoir des relations égalitaires.

En fait, il n'existe pas de règle préétablie pour qu'un couple marche. Il serait absurde de décréter qu'il faut, pour bien s'entendre, « parler de soi » par exemple.

Michel et Anne forment un couple qui dure depuis presque trente ans et pourtant, ils ne se parlent presque pas. Et en tout cas surtout pas de soi. Anne en a un peu souffert au début de leur mariage, mais elle a vite compris que « *Michel serait très gêné si nous avions des discussions plus intimes. Il jugerait très indécent (voire humiliant) ce qu'il appellerait afficher "ses faiblesses" ou "se mettre à nu". Nous avons fini par trouver un équilibre qui doit me convenir aussi car je suis assez pudique. D'ailleurs, je ne parle de moi avec personne et cela ne me manque pas...».*

« Chaque couple définit une sphère de complicité et de communication particulière qui peut, de l'extérieur, paraître trop silencieuse, ou trop bavarde, ou trop passionnée, constate Jean-Claude Kaufmann. Mais quoi qu'on puisse en penser, quand les couples durent, les conjoints s'y sentent bien. »

S'y sentent bien ou... se séparent. Antoine et Constance, au contraire, ont formé pendant des années un couple très explosif. Constance se sentait à la fois terrorisée et très attirée par la très forte personnalité de son géant, assez « grande gueule » qui était persuadé, comme Amélie Poulain, d'avoir un fabuleux destin dans le cinéma. Voulant devenir metteur en scène, il n'avait que ce projet à la bouche. Dans la relation, lui et son ambition occupaient toute la place. Dès que Constance tentait de faire savoir qu'elle aussi avait quelques espérances universitaires et que ses professeurs appréciaient la pertinence de ses analyses littéraires, Antoine la rabaissait. Bien décidé à rester le seul « grand homme » du couple, il ridiculisait ses études commencées si tard :

– Quand on est brillant, c'est à seize ans. Pas à trente. Pourquoi pas l'université du troisième âge !

Tous les deux ont fini par se quitter. Antoine a ensuite rencontré une jeune femme qui s'est plu à mettre son dévouement au service de son génial cinéaste. Bien qu'elle ait su, dès le départ, qu'il lui préférerait toujours son art comme le peintre Matisse déclarant à sa future femme : « Mademoiselle, je vous aime beaucoup mais j'aimerai toujours mieux la peinture », elle s'est volontiers glissée dans la peau de la femme secondaire à l'indéfectible soutien.

AU CŒUR DES SCÈNES DE MÉNAGE, UN ENFANT A PEUR…

S'il devait exister trois couches à nos scènes de ménage interagissant entre elles, comme la peau comprend l'épiderme, le derme et l'hypoderme… nous aurions en surface l'épiderme, c'est-à-dire des conflits sans importance dus aux malentendus légers entre les hommes et les femmes. Ils viennent nous rappeler que nous sommes différents les uns des autres, que nous représentons pour nos conjoints des « continents à explorer » selon la jolie formule du sociologue Augustin Barbara, auteur de *Les couples mixtes.* Et que nous sommes complémentaires (ou plutôt supplémentaires) et intéressants, en raison même de ces différences…

Puis viendrait le derme plus profond de nos scènes de ménage. Là se joue une véritable lutte, soit pour nous imposer et ne pas nous laisser écraser (combat martien), soit pour nous rapprocher ou nous éloigner (combat vénusien). Ce niveau de conflits est plus dangereux, car il renvoie à un problème de fond. Au même titre qu'il existe des incompatibilités d'humeur, il peut exister des incompatibilités dans la gestion des rapports de force et de l'intimité.

Plus profondément encore, dans l'hypoderme de nos scènes de ménage interviendraient nos blessures personnelles, qu'il s'agisse des blessures d'enfance ou des blessures d'amour. Cette strate-ci serait la plus difficile à comprendre et à percevoir car elle s'enfouit dans l'inconscient et s'exprime à notre insu. La personnalité de notre partenaire est hors de cause. Il peut bien faire des pieds et des mains, rien ne changera. Car, dans notre couple actuel, nous réglons des comptes avec notre passé. Nous sommes l'enjeu de répétitions dont le sens nous échappe…

Bien des scènes de ménage (en particulier les plus incohérentes et les plus violentes) reposent sur ces blessures mal cicatrisées qui, dans une situation donnée, recommencent à saigner. Ce sont ces peurs de l'abandon et de la séparation qui décuplent l'agressivité. Quand l'amour ne suffit plus à étayer le couple, on va chercher la violence, toujours préférable au froid de la rupture. Ces stratégies de violence sont multiples : mensonge, silence, cris, sollicitude excessive, jalousie, récriminations, chantages, menaces.

Plaidoyer pour un amour adulte

Ces blessures anciennes peuvent aussi donner des idées fausses sur le couple, sur l'amour, sur les hommes ou les femmes et engendrer des réactions plaquées sur ces a priori.

Bertrand a vingt-deux ans. Il a été élevé par des parents qui, à tour de rôle, s'imposaient violemment à l'autre. La plupart du temps, le père rentrait du travail et s'asseyait à table pour fixer son potage en pensant encore à ses problèmes de travail. Tandis que sa femme et ses enfants autour de lui continuaient leur conversation, il n'existait pas ou plutôt il ne voulait pas exister. Et puis soudain, une sorte de devoir paternel le réveillait et il entrait dans une grande colère, tapait l'un de ses enfants ou accusait sa femme « de dire n'importe quoi » pour montrer qu'il fallait quand même compter avec lui, le chef de famille. De son fait, il était soit trop absent, soit trop « présent ».

Sa femme, elle, le suivait timidement chez leurs amis communs ou « en société » comme elle disait. Elle n'avait jamais réussi à se débarrasser du complexe de l'ouvrière devenue épouse de notable. En revanche, à la maison, elle entendait bien être maîtresse de maison. Aussi pistait-elle son époux en lui reprochant par exemple de tacher sa cravate ou de poser son verre à côté du napperon… Et il se laissait faire.

Bertrand, leur fils, a dû en conclure que, dans un couple, deux personnes ne pouvaient pas exister et coexister sans que l'un étouffe l'autre. Aussi fallait-il, pour ne pas être écrasé (présupposé venant de l'enfance), qu'il écrasât le premier… quitte à provoquer des scènes de ménage inouïes avec sa femme, une féministe qui en rajoutait au nom de l'égalité des sexes…

Quant aux blessures d'amour, elles peuvent nous faire imaginer que tous les hommes sont volages ou toutes les femmes « traîtresses » si nous avons été précédemment trompés. À l'extrême, la « vraie » partenaire n'a rien à voir avec les crises qui se jouent. C'est le cas de certains hommes violents qui fantasment dans leur coin et viennent réveiller leur compagne pour lui cogner dessus… C'est le cas de Philippe qui, trompé par sa fiancée, s'est replié sur une femme au physique ingrat et qu'il n'aimait guère, mais dont il était sûr qu'elle ne le tromperait jamais, faute de tentations…

En amour, comme dans beaucoup d'autres domaines, il s'agit de trouver « la juste dose », celle qui est satisfaisante pour les deux, et de procéder aux ajustements avec douceur. Il s'agit aussi de reconnaître l'enfant qui est en soi et qui, au cours des scènes de ménage, joue la comédie et dramatise la situation, ou fait des caprices parce qu'il a été oublié, pas assez aimé, ou s'enfuit parce qu'il a peur d'être grondé par quelqu'un qui le surveille. La preuve que nos scènes de ménage sont des archaïsmes est que nous adoptons des attitudes d'enfant. Nous nous battons comme des enfants. Nous boudons comme des enfants. Nous fuyons ou nous mentons comme des enfants…

Quel progrès ce serait de pouvoir se dire que sa femme n'est pas sa mère, que son homme n'est pas son père et que nous ne sommes plus cet enfant éperdu et effrayé qui avait l'impression d'être abandonné ou qui ne pouvait pas vivre sans l'amour bienveillant et inconditionnel de Papa et Maman. Comme il serait bon de vivre un amour capable de recul. Un amour adulte.

Chapitre XVIII

Renoncer à changer l'autre…

Il est difficile d'accepter que l'autre soit… autre. Qu'il ou elle ait des habitudes, des convictions, des occupations différentes. Au nom de l'entente parfaite, nous cherchons une âme sœur parfaitement adaptée à nos idées, nos valeurs et nos manies. Un alter ego qui nous ressemble et nous corresponde pour conforter nos qualités, mais aussi nos défauts.

Car deux désordonnés ensemble, deux retardataires ensemble, deux alcooliques ensemble, deux violents ensemble ne se gênent pas. Ils se comprennent et se rassurent, en se sentant accompagnés dans leurs excès.

Seules les différences contrarient. D'ailleurs, les personnalités violentes sont excédées par les différences. Qu'une femme soit… une femme est une menace. Qu'elle n'ait pas les mêmes idées est un scandale, qu'elle veuille vivre autre chose, une trahison. Jusqu'où nos compagnons peuvent-ils être eux-mêmes sans nous déranger, nous gêner, nous choquer ?

« *Tu ne veux pas que j'existe…* », dit souvent Floriane à son mari (vingt-cinq ans d'un mariage heureux) quand il commence à la conseiller sur ce qu'elle doit dire, faire ou être… Et généralement, il relâche sa pression car, en bon démocrate de la conjugalité, il ne voit pas pourquoi elle n'aurait pas le droit « d'exister » autant que lui.

La tactique du câlin

Quand tout va bien, ces divergences apparaissent comme une source d'enrichissement : nous nous « complétons bien ». Le ponctuel met sa précision au service du retardataire et valorise ainsi son sens de la ponctualité. L'ordonnée apporte sa rigueur au bazar de son Poucet qui laisse traîner ses chaussettes et les serviettes en boule sur les radiateurs…

En revanche, quand tout va mal, ces détails idiots deviennent « crispants ». Sur eux se cristallisent toutes les insatisfactions du moment. L'attention de l'un se focalise sur les poils de barbe dans le lavabo, les tubes de dentifrice « encore » mal rebouchés, l'étagère du couloir qui n'est « toujours » pas posée. (À noter que les « jamais, encore et toujours » sont de magnifiques amplificateurs de conflits.) À ces assauts, l'accusé riposte par une réplique en règle :

– Oh ! tu peux te taire, toi qui n'es même pas capable de…

Tous les couples qui s'entendent bien ferment les yeux sur quelques inévitables « agaceries » et acceptent leur conjoint tel qu'il est. En retour, celui-ci fait preuve de bonne volonté, témoignant ainsi de son désir de plaire et de faire plaisir. Tous les couples procèdent à des assouplissements mutuels. Et ces ajustements réciproques pèsent d'autant moins qu'on les fait par amour et des deux côtés.

Pourquoi, soudain, ces manies deviennent-elles insupportables ? Pourquoi notre « moitié » n'a-t-elle plus le droit d'être ce qu'elle a toujours été ? Claude Héraud l'explique : « Le malaise se résume en quelques mots : manque de tendresse, de connivence, de plaisir, de partage, de reconnaissance, d'attention… trop de distance s'est installée. On ne s'aime plus assez tout simplement. »

Le remède ? Tenter de s'aimer à nouveau un peu plus fort. La vie nous a appris que l'amour avait des hauts et des bas. Pour remonter la pente, jouons le rapprochement, pas les reproches… Dominique appliquait déjà la tactique du câlin avec son fils aîné : « *Quand sa manière de dévaliser le frigo et de prendre la maison pour l'hôtel devenaient insupportables, juste avant de me fâcher, je lui faisais un bisou ou un câlin. Aussitôt, je me rappelais l'essentiel : je l'aimais plus que tout. Et lui était mieux disposé à me faire plaisir.* »

Essayons toujours…

L'autre est… autre et c'est insupportable !

Une chose est de critiquer quelques manies. Une autre est de mettre en cause une personnalité, car certains « défauts » ou certaines mauvaises habitudes représentent bien plus que de simples comportements acquis. Ce sont des éléments constitutifs de nous-mêmes. C'est ainsi que nous sommes bâtis. Peut-on reprocher à Damien son alcoolisme ou à Claire sa radinerie, par exemple ? Lorsque son futur mari l'a rencontrée, il ne s'est rendu compte de rien, la coutume voulant que ce soient les hommes qui invitent les femmes. Une ou deux fois, lorsqu'ils sont sortis ensemble avec des amis au restaurant, chacun payant sa part, il s'est étonné qu'elle mange si peu et veuille ensuite retrancher de l'addition le vin, le dessert, le café qu'elle n'avait pas consommés. Mais, il la savait étudiante et fauchée : elle habitait une petite chambre spartiate et s'habillait toujours en jean.

À leur mariage, très peu de gens furent invités du côté de sa femme. Amoureux, il n'y prêta guère attention. C'est en commençant à vivre avec elle que l'ampleur de sa pingrerie est apparue. Elle était littéralement obsédée par l'argent qu'elle allait pouvoir économiser, perdait des heures entières à traquer « les bonnes affaires », les coupons de réduction, les points cadeaux, les soldes, les promotions… quitte à acheter des choses (d'ailleurs inutiles) pour la seule satisfaction d'avoir bénéficié d'une remise. Elle continuait à faire des kilomètres à pied pour gratter trois sous sur les transports en commun, à payer en trois fois ce qui pouvait l'être en une, à inviter leurs amis – le plus rarement possible –, et éventuellement en accommodant les restes : elle ne supportait pas le « gâchis ».

Georges, qui n'avait pas voulu voir ce défaut, pourtant extrêmement voyant dès leur première rencontre, était déçu par sa femme. Il commença à lui adresser d'amers reproches en soulignant le temps (et l'argent !) qu'elle perdait à faire ses pseudo-économies. Ce manque de générosité le choquait. Mais au nom de quoi ou plutôt de qui ? Au nom de lui-même, qui avait été élevé dans une tradition d'ouverture et d'hospitalité. Il ne comprenait pas qu'elle n'ait pas « son » sens de l'accueil et du don… En somme, il s'érigeait en modèle sans accepter que Claire tienne à des valeurs qui bousculaient les siennes. En se donnant raison contre elle, il lui reprochait d'être elle-même et mal aimable. Autrement dit, de ne pas être « assez bien » pour lui.

Il faut donc un certain aplomb pour se considérer comme l'étalon mesure du « comme il faut » vivre, recevoir, dépenser, penser… Vouloir changer l'autre est un abus de pouvoir prouvant que nous voyons nos conjoints comme nos « choses » ou bien comme nos enfants. Dans leur souci de se sentir utiles que soulignaient John Gray et Deborah Tannen, les hommes aimeraient modeler leur partenaire à la façon d'un Pygmalion. Tandis que nous, les femmes, aurions tendance à penser que notre conjoint est un grand enfant auquel il faut apprendre l'ordre, la paternité et… l'amour. Pour l'illustrer, Alain Corneau raconte qu'au Québec, les mères ont longtemps appris à leur fille que leur premier enfant serait leur… époux. « Ainsi apprennent-elles, dès l'enfance, à contrôler leur partenaire comme elles ont vu leur mère dominer leur mari. Par la parole, par le sexe, par les plaintes, par les soupirs et les humiliations, elles essaient d'éduquer leur mari à la relation, en prenant pour des dialogues authentiques leur long monologue sur la vie de couple… », écrit-il.

Le choix des armes

Pour engager nos partenaires à changer, nous avons le choix des armes : la manière forte :

– Ta radinerie, ma pauvre Claire, c'est lamentable ! Non mais tu t'es vue empocher les sucres et récupérer les pourboires (humiliation) ?

La manière anguille, détournée et muette signifiant :

– Ta manière d'être m'est tellement insupportable que je ne peux même plus te toucher…

Et la manière psy. Elle consiste à jouer les psychothérapeutes (une méthode que les femmes affectionnent particulièrement) en persuadant son conjoint qu'il a vraiment un « problème avec l'argent ». Certains écrivent de longues lettres pour expliquer à l'inadéquat comment et pourquoi il est incapable de générosité, incapable de bonne humeur, incapable d'aimer, incapable d'être un homme (puisqu'il boit), incapable d'être attirante (puisqu'elle grossit), incapable d'être un bon père (puisqu'il n'est jamais là…). Éventuellement, nous dédouanons l'accusé en accablant sa famille :

– Remarque, ce n'est pas de ta faute, avec la mère que tu as…

Autrement dit, « sois comme moi, Chéri(e), fais comme moi, Lapin » : du sport, une psychothérapie, mets-toi à la peinture… puisque ça a marché pour moi, ça marchera pour toi ! Non seulement nous exigeons que nos partenaires changent, mais nous leur imposons comment : « tu devrais… si c'était moi, si j'étais toi, etc. »

Il est vrai que certaines personnes sont invivables et dangereuses pour elles-mêmes et pour les autres. Comment ne pas souhaiter que sa femme renonce à finir ses journées ivre morte ? Comment ne pas espérer que notre don juan finira par devenir un mari fidèle ? Comment ne pas vouloir que cette folie dépensière, ou cette passion du jeu, ou encore cette violence dans les gestes et les mots, cessent enfin ? Ces

« défauts » sont des tragédies qui pèsent lourd sur notre vie et celle de nos enfants. Elles nous perturbent, nous font souffrir. Et si nous nous permettons ces critiques, n'est-ce pas pour être heureux à deux et que le couple dure ?

Les reproches accentuent les défauts...

Nos raisons sont légitimes, mais nos méthodes sont mauvaises. Qu'elles soient fortes, douces ou psy... elles sont vouées à l'échec. Du moins quand elles portent, non pas sur des petites manies, mais sur ces éléments constitutifs de la personne : l'avarice, la froideur, la maniaquerie, un certain désordre ou par exemple toutes les formes de compulsions : dépensières, alcooliques, alimentaires, sexuelles, agressives, etc. Car ce sont des mécanismes de défense, mis en place pour apaiser des tensions, psychiques. Or, les critiques aggravent encore les tensions qui accentuent d'autant les « défenses » insupportables. Autrement dit, plus on reproche à quelqu'un de boire, plus il est angoissé de boire trop et plus il boit...

Pour nous faire plaisir et nous prouver « qu'il peut s'en passer », il va ralentir sa consommation de pastis-grenadine. Mais les tensions psychiques demeurent. Sans alcool pour les apaiser, elles montent, montent... et finiront par une « cuite » encore plus spectaculaire que les précédentes. À moins qu'apparemment nous ayons gagné : sobriété par-devant mais... bouteilles cachées par-derrière.

Comprenons bien que, malgré notre réelle souffrance, malgré le côté invivable de notre situation conjugale et le bien que nous voulons évidemment à nos conjoints, vouloir changer ceux que nous prétendons aimer est d'une grande violence. Robin Norwood, qui est psychothérapeute et auteur de *Ces femmes qui aiment trop* (éditions J'ai Lu), insiste bien sur cette idée clef : « Le besoin de réussir à changer l'autre est un des éléments les plus destructeurs de la relation. »

En effet, n'est-ce pas une manière de dire :

– Je ne t'aime pas comme tu es. Tu n'es pas comme il faut. Tu ne me conviens pas…

Cette forme de tyrannie rappelle celle des parents qui aspiraient autrefois à « dresser » leurs enfants. Outre le fait que nos conjoints ne sont pas des enfants, il n'est pas étonnant qu'ainsi montrés du doigt, ils réagissent d'une manière aussi puérile que la nôtre est abusive. Comme des enfants pris en faute, soit ils nient :

– Je ne suis pas du tout comme tu le dis…

Soit ils se révoltent :

– Et toi, tu t'es regardé ?

Soit ils en rajoutent :

– Ah, tu ne veux pas que je boive, eh bien tchin ! à ta santé…

C'est la relation qui est malade, mais de quoi ?

Lâchons un peu nos partenaires qui savent parfaitement à quoi s'en tenir : ces reproches n'ont-ils pas été adressés mille fois et sans succès ? Essayons de changer le plus facile, c'est-à-dire nous-mêmes, en cultivant un autre regard. Comment ? En cessant de croire, par exemple, que leurs « vilains défauts » sont dirigés contre nous. Certes, il existe une part de provocation à boire sous notre nez (quand ils savent bien que leur ivresse nous gêne). À flirter devant nous (leurs infidélités nous blessent). Ou, sachant que leur pingrerie nous fait honte, à éplucher l'addition pour ne pas avoir à payer le huitième de la crème caramel du copain sous prétexte qu'eux ont sauté le dessert, etc.

« S'ils nous aimaient vraiment, ils changeraient… » pensons-nous, mais non ! On ne change pas pour faire plaisir à quelqu'un. Dans la plupart des cas, on ne peut même pas changer pour se faire plaisir à soi, pour la bonne raison qu'on ne peut pas s'empêcher de boire, de grossir, d'agresser… C'est plus fort que nous. Ce que la psychanalyste Christiane Olivier appelle « l'ogre intérieur » nous pousse à la violence, à l'autodestruction, à la fuite… Et quand cela s'accentue encore, comprenons-le, sur les conseils de Claude Héraud, comme un appel : « L'aggravation des tics, des défauts, des rituels énervants, du laisser-aller doit s'interpréter comme un appel, un signe de malaise, voire de désespérance. Cela signifie que quelque chose ne va pas soit sur le plan conjugal (on se sent délaissé, jugé, mal aimé), soit sur le plan personnel (contrecoup d'un choc, d'un deuil, de difficultés professionnelles). »

Pour trouver où le bât blesse exactement dans la relation, commençons par nous plaindre en secret : « Je ne supporte pas que… » Puis, dépassons cet apitoiement du premier degré pour passer au deuxième niveau de mécontentement. Qu'est-ce qui ne va pas exactement dans la relation ? Ne pensons plus à la personnalité évidemment atroce de notre partenaire, mais à ce qui cloche ENTRE nous…

Niévès accusait en bloc l'alcoolisme de son mari d'avoir ruiné leur mariage. Mais elle l'avait toujours connu buvant trop et, pendant sept ans, elle en avait été très amoureuse, malgré ou avec l'alcool. Il buvait. Elle pas. Cela faisait partie des caractéristiques de chacun au même titre que les goûts alimentaires. D'ailleurs Damien n'était jamais véritablement ivre, juste accro à son whisky du soir et à son litre de vin à table.

Puis est venu le chômage. Là encore, ce n'est pas tant le chômage en lui-même qui a posé des problèmes, mais plutôt ses répercussions sur la relation. Posons-nous la question : qu'est-ce qui est insupportable ? Niévès s'est ainsi rendu compte que deux choses l'accablaient. La première était que son mari la traite comme un enfant, en lui cachant leurs difficultés financières sous prétexte qu'elle « n'était pas assez forte pour le supporter ». Et la seconde qu'il soit capable, dans les pires moments, de faire pipi au lit et de pleurer dans ses bras comme un bébé en lui demandant de le consoler d'être un « raté ».

Niévès voulait un couple où elle serait une femme pour un homme et non tantôt une petite fille, tantôt une maman.

Si Damien ne pouvait rien changer à son alcoolisme sans chercher à se soigner vraiment, il pouvait entendre ce que cette situation avait d'insupportable pour sa femme et faire des efforts pour se conduire désormais comme un compagnon à part entière, partageant ses soucis matériels et en prenant en charge lui-même les aspects les plus régressifs de sa maladie. Après une longue mise au point où Niévès a exprimé tout ce qu'elle ressentait, ses craintes, ses difficultés, Damien a décidé qu'ils allaient regarder ensemble tous les comptes en banque et tenter de trouver une solution grâce à cette nouvelle transparence financière. Quant à l'alcool, Damien a décidé de prendre en charge son lit et ses cuites. Ils feraient désormais chambre à part (sauf pour les câlins) et ils essaieraient de se parler un peu plus… Ils en sont là depuis cinq ans. Damien a retrouvé du travail et leur situation financière est à jour. Il boit toujours beaucoup trop, mais raisonnablement dans la journée, pour garder son emploi et le soir… Niévès n'en sait rien. Ce n'est plus son affaire. Plus jamais elle ne cherchera les cachettes ni ne vérifiera le niveau des bouteilles. Elle n'a pas à le surveiller. Elle n'a pas à être sa mère. Et lui n'est plus son fils. L'alcool est devenu son intimité, sa vie privée. Un domaine réservé où elle n'a pas à pénétrer et que lui n'a ni à faire subir, ni à faire partager…

Alléger les tensions

Leur manière de résoudre cette difficulté paraît pleine de respect et de très bon augure. Se sentant aimé, accepté comme il est, Damien pourra sans doute envisager un jour, quand il sera prêt, de faire quelque chose pour se guérir lui-même et par ses propres moyens d'un fléau qui naturellement lui gâche aussi la vie. À vouloir changer son conjoint, on lui ôte du poil de la bête. Nos reproches déclenchent de la peur et de la colère et nos conseils l'embrouillent. Mieux vaut qu'il puisse s'interroger calmement et trouver lui-même sa propre voie de guérison.

La bienveillance, accepter l'autre comme il est au lieu de vouloir le changer, instaure ainsi une relation d'adulte à adulte. Ne pas « demander des pommes à un figuier », comme dit la Bible, fait partie de cet arsenal d'allégement.

Une autre manière d'apporter une bonne bouffée d'oxygène, consiste à ne plus chercher toutes ses satisfactions à la même source. Si nous sommes des passionnés, des exclusifs, des idéalistes, des… naïfs, nous demandons tout à l'amour et nous lui demandons trop. Il faudrait que nos compagnes et nos compagnons soient des femmes et des hommes parfaits qui nous comblent sur tous les plans : affectif, matériel, sexuel, voire intellectuel, et qu'ils soient aussi un bon parent pour nos enfants et qu'ils aiment encore la mer parce que nous aimons la mer, nos copains parce que nous aimons nos copains et Elvis parce qu'il est notre idole… Et quoi encore ?

La femme idéale et le Prince Charmant portent un tort considérable à la vie de couple en nous donnant l'illusion que, quelque part, quelqu'un peut nous correspondre tout à fait. Robin Norwood, dans *Ces femmes qui aiment trop*, utilise une image parlante pour décrire ceux qui attendent tout (trop) de leur partenaire et lui reprochent ensuite de ne pas être à la hauteur de leurs immenses exigences.

Il s'agit d'une femme qui, comprenant qu'elle a besoin d'eau pour vivre, plonge un seau dans le puits marqué « mari » pour constater, déçue, qu'elle ne remonte pas assez d'eau. Alors, au lieu de se tourner vers d'autres puits intitulés copains, travail, associations, famille… elle replonge le seau dans le puits « mari » et devient de plus en plus furieuse. Elle vocifère, rouspète et renverse de plus en plus l'eau qu'elle remonte… « Son erreur est de vouloir obtenir à tout prix d'un seul puits toute l'eau dont elle a besoin… Il ne faut pas s'entêter, s'apitoyer sur soi-même et s'obstiner à tout exiger d'une même source », commente la psychothérapeute.

Pour remplir notre vie, nous avons besoin d'amour mais aussi d'activités, de relations, de loisirs. Et plus l'on diversifie ses satisfactions et ses sources de plaisir, moins on pèse sur nos compagnons en leur demandant de nous décrocher la lune…

S'aveugler sur son propre mal-être…

Et si ce désir obsessionnel de « guérir » son conjoint, était une manière d'oublier nos propres difficultés ? Ce ressort psychologique est si fréquent que les Américains lui ont donné un nom : la codépendance. Ce symptôme consiste à choisir un conjoint à problème (alcoolisme, toxicomanie, violence, etc.) afin d'avoir à s'occuper de quelqu'un qui va plus mal que soi. Nous focaliser sur SES problèmes présente l'avantage (si l'on peut dire) d'occulter les nôtres. Ainsi, le « malade » du couple, c'est lui. Pas nous.

Ainsi, notre seul problème est ce conjoint qui n'est pas à la hauteur. Sa maladie (qu'à notre insu nous pouvons éventuellement entretenir, alimenter, préserver…) nous permet de nous distraire de nous-mêmes et de nous idéaliser dans le rôle de la victime, sans voir que nous utilisons cette relation toxique comme une sorte de drogue destinée à nous aveugler sur nos propres angoisses.

Plus graves sont nos propres difficultés, plus nous accusons la maladie de notre partenaire de nous gâcher la vie. Cette haine, cette colère nous enchaînent à lui par un lien d'acier. Non seulement il ne faut pas qu'il guérisse pour préserver l'illusion que nous avons de notre équilibre, mais il faut nous accrocher à l'idée qu'il doit changer pour maintenir les œillères qui nous aveuglent sur notre propre douleur : « C'est la colère et non l'amour qui maintient les gens dans les relations malsaines », explique Robin Norwood. Et elle ajoute : « Il faut admettre son impuissance à dominer, changer, contrôler et même aider. Il faut guérir d'être en lutte contre quelqu'un, parce que c'est la seule issue pour guérir de la dépendance… »

Il ou elle change, l'aimerons-nous encore ?

D'autres raisons nous poussent à vouloir changer l'être que nous aimons, et en particulier la peur. Cette fois, il n'est pas trop malade. Il est trop bien pour nous. Ses qualités nous affolent, nous obsèdent et nous donnent des complexes. Sa beauté, son intelligence, sa gentillesse... nous semblent si « rares » que nous craignons de ne pas être à la hauteur. Pour sûr, ce roi, cette reine va nous quitter. À moins que...

Jérôme avait rencontré une fée. Un soir dans une boîte de nuit, il tombe amoureux d'une jeune fille magnifique, vive et drôle. Entraîneuse, elle prend son gagne-pain avec humour tout en sachant se faire aimer et respecter. Elle est intelligente. Et sa manière irrésistible de ne jamais se prendre au sérieux crée à la fois un attachement et une distance chez ceux qui l'approchent. Pour toutes ces raisons, elle a autant d'amies femmes que d'amis hommes. C'est une jeune fille très courtisée.

Jérôme est subjugué. Sans trop y croire, il commence à lui faire une cour maladroite, mais elle est séduite par sa gaucherie et sa sincérité. Ce dadais l'attendrit... Et lui n'en revient pas. Il se sent devenir dieu dans les bras d'une déesse. Il redresse les épaules, embellit. Le couple fait sensation. Est-ce une impression, mais il semble que ses copains, ses parents le respectent plus depuis qu'il sort avec une si jolie femme, libre et indépendante. De plus, est-il besoin de préciser que, sexuellement, il en est fou...

Un jour de hardiesse, il lui propose de l'épouser et... elle accepte. Au fond pourtant, il n'est toujours pas très sûr de lui. Cette femme est trop belle pour lui et comme des forces pour et contre l'amour s'entrechoquent dans nos cœurs, il commence son œuvre de sabotage. Il fait tout pour la changer. Il lui demande de porter des jupes un peu moins courtes, des décolletés un peu moins plongeants, de retrouver sa couleur de cheveux naturelle, de faire moins de charme à leurs amis...

Gentille et... complexée par son ancien métier, la jeune

femme se laisse faire. Peu à peu, elle devient une petite ménagère popote dont personne ne peut plus soupçonner que, voici cinq ans seulement, elle était la reine des nuits de La Rochelle. Au bout du compte, il réussit si bien à détruire son charme érotique qu'il finit lui-même par ne plus la désirer. Celle qu'il aimait a disparu…

Nous avons toujours de bonnes raisons pour aimer nos partenaires tels qu'ils sont, y compris avec leurs pires défauts. À trop vouloir les changer, nous mettons en jeu non seulement la relation, mais l'amour que nous leur portons. Car changer l'autre revient à bouleverser aussi les raisons pour lesquelles nous l'aimions.

CHAPITRE XIX

Se parler pour mieux s'entendre…

Il faut communiquer. Ne pas parler est dangereux pour le couple ! Mais pour se dire quoi ? Se parler comment ? Nous savons bien que certaines discussions sont assassines et qu'il est fort possible de parler pour ne rien dire… Alors de quoi s'agit-il ? D'avouer ce qui nous pèse sur le cœur. D'exprimer au fur et à mesure les griefs pour les empêcher d'alourdir la relation et de la fausser.

« SI TU M'AIMAIS VRAIMENT, TU SAURAIS…

… ce que je ressens sans que j'aie besoin de le dire », assènent les amoureux déçus que nous n'ayons pas eu l'amour ou la sensibilité de les deviner. Mais cette illusion de l'amour rappelle la croyance des enfants selon laquelle papa et maman voient tout, entendent tout, savent tout. Dans un amour adulte, ce qui ne va pas ne peut pas faire l'économie d'être dit. Car malgré notre désir de ne plus faire qu'un, nous sommes deux êtres très différents. Si nous ne nous parlons pas, le danger est grand de prêter à nos partenaires nos propres désirs et besoins. De croire que l'autre sait quand il ne sait pas. Et enfin de trop nous éloigner, parce que nous n'aurons pas pris le temps de nous réajuster l'un à l'autre.

Les périodes de changement sont particulièrement sensibles. Elles, surtout, présentent les plus grands risques d'éloignement et de malentendus. Sans dialogue, nous pouvons nous croire en phase alors que les rêves, les désirs se mettent à diverger. Comme l'écrit le docteur Gérard Leleu dans son livre *L'intimité et le couple* : « On ne s'aime pas avec des mots mais on ne peut faire sans. »

Combien de relations Sara a-t-elle manquées faute d'avoir pu dire à temps ce qui n'allait pas avec tel ou tel homme ? Elle ne voulait pas prendre le risque d'être moins aimée. Mais est-il plus risqué de parler ou de laisser pourrir la situation, de laisser s'installer les insatisfactions, les rancœurs ou de les exprimer au fur et à mesure ? Les hommes, quand les femmes s'expriment, disent souvent que ce sont des « emmerdeuses ». Peut-être faut-il assumer son statut d'emmerdeuse pour que la relation dure et pour que nous soyons deux à évoluer ensemble dans la même direction…

Évidemment, il ne s'agit pas de récriminer sans cesse sur tel ou tel détail de la vie commune. Ou d'invectiver son conjoint. Il est bien connu que tous les « messages tu… » sont à proscrire :

– Tu ne fais pas ceci
– Tu as encore fait cela…

Il ne s'agit pas d'accabler ni de vouloir contrôler, maîtriser, changer l'autre, mais d'essayer de se faire comprendre. D'exprimer ses sentiments, ses difficultés dans un esprit d'ouverture, c'est-à-dire en laissant la place pour une réponse, pour le dialogue : « qu'en penses-tu ? »

C'est encore une fois sur la relation que les exigences doivent porter : « voilà ce que je ressens… J'ai le sentiment d'avoir les ailes coupées. Je n'arrive pas à me sentir bien. Je n'arrive pas à m'épanouir. Je n'arrive pas à être heureuse, et toi ? »

C'est en exprimant ses propres peurs, ses propres émotions (mais aussi ses sources de satisfaction, son amour, son désir de continuer) que les choses peuvent évoluer en douceur avec le sentiment de former un « vrai » couple. D'où l'importance d'avoir les idées claires sur ce que nous sommes et sur ce que nous voulons.

Le ton, plus révélateur que les mots…

Néanmoins, cette fameuse communication tant recherchée repose plus sur un état d'esprit que sur des mots. Nos partenaires ont besoin de se sentir aimés, même quand nous disons ce qui nous reste sur le cœur. Or l'amour passe par l'inflexion de la voix, par sa douceur, son bourdonnement. Le ton est presque plus important que les propos. Aussi importe-t-il de choisir son moment pour aborder un sujet difficile, un moment de calme et de disponibilité. Le moment où nous serons aussi suffisamment sûrs de nous pour parler gentiment mais avec conviction.

Francesca évoque « cette enveloppe de paroles qui la berce » quand son homme lui parle. Par le langage qu'il invente, les surnoms qu'il lui donne, les mots doux qu'il prononce, il l'enrobe d'une délicieuse bulle qui l'a maintenue dans leur relation mortifère pendant des années. Nous avons besoin de sentir que l'être que nous aimons invente pour nous des mots uniques. Besoin aussi de sentir à son ton à quel point nous comptons. Ce ton de voix traduit mieux que les mots la charge émotive qui nous habite. Il trahit notre véritable désir d'ouverture ou notre indifférence, pareils aux saluts du bureau le lundi matin :

– Bonjour, commentçavabien ?

C'est le ton de la voix qui ouvre à l'intimité. Lui qui met en confiance, qui encourage à se livrer, à se dévoiler. Quant à l'intimité, elle permet de garder la relation vivante, féconde et agréable. Grâce à elle, nous continuons d'être intéressés et surpris l'un par l'autre. C'est elle qui nous donne le sentiment d'être « accompagnés », tout au long de notre vie. Elle encore qui donne à notre partenaire le merveilleux sentiment que nous l'aimons tel qu'il est. Puisque nous le connaissons beau et laid, fort et vulnérable, héroïque et lâche, intelligent et parfois borné… Puisque nous l'acceptons dans toute son humanité.

Les délices de l'intimité

Cette intimité est le cadeau le plus précieux de l'amour. Elle nous réconcilie avec nos faiblesses, nos laideurs, nos parts d'ombre. Mais comment s'obtient-elle ? Lentement, patiemment. Elle relève d'une confiance qui se gagne. Il s'agit, dans l'intimité, d'être vrai. De s'abandonner. De dire ce qui nous passe par les sens, le cœur et l'esprit en sachant que l'autre sera intéressé et enrichi par notre regard, par notre différence et qu'il nous rendra la pareille. L'intimité se crée au jour le jour, avec constance et patience. Elle ressemble à cette phrase du *Petit Prince* de Saint-Exupéry : « Apprivoise-moi. »

Aussi suppose-t-elle qu'on lui consacre un peu de temps. Elle nécessite des promenades, des tête-à-tête, des moments de retrouvailles privilégiés. Elle est incompatible avec trop de travail, de contraintes et de soirées télé. Il faut en prendre soin. Elle est incompatible aussi avec les relations de pouvoir, avec le besoin d'écraser. « Le contraire de l'amour n'est pas la haine, écrivait Jung. C'est le pouvoir… »

L'intimité est incompatible, enfin, avec la culpabilisation pour ce que l'autre fait ou ne fait pas, dit ou ne dit pas. Rien n'empêche d'exprimer ses propres sentiments dans un couple, mais toujours dans un esprit d'ouverture aux différences et sans rivalité. L'intimité se résume en un seul mot : l'accueil…

SANS TOUT SE DIRE…

Dans l'accueil, dans le ton, dans les mots mais aussi dans certains silences.

Le sociologue Jean-Claude Kaufmann, auteur de *La trame conjugale. Analyse du couple par son linge*, fait observer : « Une certaine morale de la vie commune nous pousse à bannir le secret, le mensonge et les cachotteries. Les amoureux jurent de se dire la vérité, toute la vérité, rien que la vérité… Mais la transparence est un mythe. Aucun couple ne fonctionne sur l'authenticité absolue et d'ailleurs, les maris n'arrivent qu'au troisième rang des confidents… »

Chacun a besoin d'une vie privée. Cet espace à soi dans la relation permet d'aménager cette distance affective si nécessaire. Où vas-tu ? Que penses-tu ? Que fais-tu ? Cette intrusion permanente nous donnerait l'impression de revenir au pays de maman. Et si chaque jour nos partenaires nous racontaient leur vie par le menu et déversaient leurs états d'âme, quel ennui ! quel irrespect ! Nous serions submergés par ce monologue. Nous aurions le désagréable sentiment d'être un moi-poubelle, dans lequel l'autre viendrait vider son sac. Dans cette optique, échapper au « tout se dire » est à la fois une marque de respect et un plaisir qui préserve à chacun, sa part de mystère et d'indépendance.

Il faut se taire aussi pour éviter de faire souffrir inutilement. À quoi rimerait par exemple d'avouer son désir pour un autre homme, une autre femme ou encore d'avouer une infidélité ? Prenons le cas de François qui est sincèrement amoureux de sa femme et… coureur invétéré. Il espérait que le mariage le guérirait, mais une pulsion qu'il ne contrôle pas le pousse à se prouver qu'il plaît aux femmes. Il n'est pas fier de ce qu'il appelle « ses coucheries ». Il les juge « nulles et déloyales » mais il n'arrive pas à s'en empêcher. Si son épouse lui donnait l'absolution comme la complaisante Simone de Beauvoir à Jean-Paul Sartre en se persuadant d'être « la nécessaire parmi les contingentes », sans doute aurait-il la conscience plus tranquille.

Mais François met un point d'honneur à supporter tout seul sa culpabilité. Hypocrisie ? Lâcheté ? Quand les causes de l'infidélité s'enracinent dans un problème de couple (on s'est éloigné l'un de l'autre, on ne fait plus l'amour), sans doute faut-il évoquer la distance et le malaise qui se sont installés (mais sans parler nécessairement de ses aventures). En revanche, quand le mal vient d'une histoire entre soi et soi, mieux vaut se souvenir que la plupart des hommes et des femmes trompés auraient préféré ne jamais savoir, tant la confiance a été entamée et la douleur profonde.

Il n'y a pas que les aveux d'infidélité qui fassent souffrir. La vérité de certains sentiments est aussi une violence. Ainsi, faut-il dire à son conjoint que son père, sa mère ou ses enfants d'un premier lit nous sont antipathiques ? Évidemment, non ! Et même si nos conjoints nous tendent la perche pour savoir ce que nous pensons « vraiment », n'en doutons pas, ils prendraient nos critiques pour des attaques personnelles, puisque leurs parents, leurs enfants font partie d'eux. À moins évidemment qu'ils ne nous aient choisis pour que nous réglions leurs propres comptes affectifs…

Éventuellement, nous cachons aussi des souvenirs d'enfance pénibles. Marc ne veut pas reconnaître que les phrases de son intraitable père le font encore souffrir à trente ans passés. Continuer d'être meurtri par les jugements et les exigences de cette haute figure paternelle constitue à ses yeux une sorte de maladie honteuse. Il voudrait bien avoir « dépassé cela » et se sentir adulte. Sa femme n'est pas dupe de ses fanfaronnades. Cependant, lui en parler le rabaisserait à ses propres yeux. Peut-être se prive-t-il de son soutien ; quant à elle, le « cuisiner » ne servirait qu'à l'éloigner, au lieu d'atteindre le rapprochement souhaité.

En outre, certains épanchements douloureux peuvent avoir une résonance insoupçonnable sur ceux que nous aimons.

Nous croyons qu'ils ne seront ni touchés, ni concernés puisqu'il s'agit seulement de notre histoire. Mais les affects sont contagieux…

« Certaines confidences sont d'une telle charge émotionnelle qu'on ne peut pas les entendre. Elles réveillent chez l'autre ses propres souffrances : il se ferme à l'écoute. Marc pourra raconter son histoire quand il cessera d'être un écorché vif et que le seuil de l'émotion aura baissé… », explique Claude Héraud. En taisant les détails sordides de son enfance martyre, Marc ne se contente pas de préserver son équilibre, il protège aussi son épouse.

Chapitre XX

… Et penser à soi

Notre souffrance d'aimer prouve au moins que… nous savons aimer. Mais elle montre aussi, dussions-nous en rougir, notre sensibilité, notre intelligence et nos capacités d'émerveillement. Elle témoigne que nous sommes capables d'éprouver des émotions fortes, de nous donner à fond, de nous passionner pour une cause ou pour une activité, de savourer des goûts, de distinguer des couleurs, de reconnaître des odeurs : notre corps n'a-t-il pas su vibrer ? Que nous sommes capables de réfléchir : notre intelligence n'a-t-elle pas décrypté, et si finement, certaines pensées, certains actes, certains regards ?

Étant donné sa difficulté, cette relation prouve aussi que nous avons des ressources et une sacrée force : n'avons-nous pas enduré le pire, à savoir la négation de nos besoins, la violence, l'indifférence, des frustrations sans nom, une incertitude invivable, des variations d'humeurs et de sentiments de qui nous aimions tant…

L'avoir vécu et avoir… survécu, le prouve : nous sommes des âmes fortes, généreuses, créatives, passionnées… Mais il est temps d'en finir avec le gâchis. Cessons de faire fonctionner ces talents « à perte » en noyant nos rares qualités de cœur dans une décevante passion. Avec ou sans amour, au sein d'un couple ou en dehors de lui, utilisons-les désormais à notre principal profit.

Nous n'avons pas besoin des autres pour être heureux. Nous possédons en nous-mêmes quantité de ressources et de belles raisons de vivre. N'attendons plus le Bonheur avec un grand B, d'une seule personne. Savourons plutôt quantité de petits bonheurs… qui sont plus modestes, mais à portée de main. Renouons avec nos goûts, nos centres d'intérêt… sans complexe, ni culpabilité. Acceptons d'aimer ce que nous aimons. Entrons en relation avec les gens qui nous attirent. Lisons les livres, les revues qui nous plaisent. Regardons les émissions de télévision qui nous amusent et chantons nos chansons… Célébrons la chance d'être en vie, en bonne santé et si jeunes encore, de corps ou d'esprit. Et peu importe ce que les autres en pensent !

Comprenons bien que se cache au fond de nous-mêmes un trésor. Nous sommes des « joyaux » disait Francesca. Prenons le temps de découvrir ce qui fait de nous des êtres uniques. Et même exceptionnels, puisque nous sommes les seuls à regarder et à connaître ces choses-là, à sentir, à penser et à raconter de cette manière-là…

Osons être ce que nous sommes. Ayons le merveilleux culot d'avoir nos propres idées, notre propre sensibilité, notre propre culture et notre propre regard. Fions-nous à nos impressions, nos intuitions. Débarrassons-nous des rôles et des réflexes hérités de l'enfance ou… de l'amour. Remplaçons l'idée de détenir la Vérité ou le Bien ou le Droit Chemin, par la certitude de posséder une véritable richesse, personnelle et unique.

Car c'est ce trésor à découvrir ou à redécouvrir qui nous rendra non seulement joyeux, mais très attirants. Quand une personnalité ose être elle-même dans toutes ses particularités, dans toute son originalité, elle devient très séduisante parce qu'il est impossible de la cerner. Elle n'est jamais ni tout à fait la même, ni tout à fait une autre : elle se renouvelle sans cesse. Elle est séduisante aussi parce qu'elle est vivante, parce qu'elle est libre et parce qu'elle est heureuse.

Conclusion

Nous n'avons jamais été aussi heureux en amour. Nous ne nous sommes jamais autant rencontrés, aimés, séparés, re-aimés, re-re-séparés. La grande roue de l'amour tourne, tourne à une allure vertigineuse, entraînant dans sa course des jeunes, des vieux, des cœurs purs, des cœurs simples ou… des cœurs blessés, fatigués, blasés qui n'osaient plus y croire.

Nous n'avons jamais été aussi heureux en amour….

Nous n'avons jamais été aussi heureux en amour. Autrefois, il fallait avoir la chance de « tomber sur le bon » et le garder toute une vie, sans rattrapage possible. Désormais, le droit à l'erreur est permis. Nous pouvons nous tromper d'amour et… en sortir pour tenter le bonheur ailleurs, dans un autre couple, une autre vie.

Nous n'avons jamais été aussi heureux en amour… Nous pouvons aimer qui nous voulons sans distinction de couleur de peau, de religion, d'âge, de milieu social et même de sexe… Chaque rencontre est une aventure, un bonheur possible, une source d'espérance et pour si longtemps : quand tant de cheveux gris cherchent aussi l'âme sœur, nos rides au coin des yeux ne sont plus un problème. Dans ce réservoir de cœurs à prendre, il y a forcément quelque part quelqu'un qui pourra nous choisir et nous plaire. Nous pouvons aimer plusieurs fois dans une vie. Et à tout âge.

Nous n'avons jamais été aussi heureux en amour... de pouvoir tester l'entente avant l'engagement. Nous étions copains, nous devenons amis. Nous étions amis, nous devenons amants. Nous essayons un bout de chemin ensemble « pour voir ». Quand « voir » nous va si bien, nous nous testons dans la durée. Et c'est ainsi que, peut-être, nous vieillirons ensemble. Main dans la main.

Quant à nos « ex »... certains deviennent des frères, des copines, des partenaires, des amis, des complices pour la vie. Notre liaison n'est plus amoureuse mais elle devient si chaleureuse...

Nous n'avons jamais été aussi heureux en amour... parce que nous exigeons tout : le bien-être, l'amitié, l'épanouissement à deux et l'accomplissement de soi, le plaisir, la liberté, la sécurité... Et miraculeusement, il arrive qu'il nous comble. Nous avons la chance de la rencontre, la chance d'être complémentaires, d'être prêts à nous aimer et au même moment, la chance de croire en notre amour. Et aussi de pouvoir vivre ensemble sans nous gêner l'un l'autre, ni nous « bouffer » le nez...

Entre cœur brûlé et cœur blindé...

Évidemment, ces chances de bonheur se paient par des ruptures, des souffrances et des « périodes de vie en solo » comme les appelle Jean-Claude Kaufmann. Pour les raisons mêmes qui font notre bonheur, nous n'avons jamais autant souffert d'aimer car la grande roue de l'amour tourne, tourne... mais parfois sans nous. À nos déclarations d'amour, on nous peut répondre :

– Non, jamais !
– Oui… mais du bout des lèvres.
– Oui pour l'instant, en attendant mieux.
– Oui mais je vais te casser !
– Oui, à condition que tu sois qui je veux, comme je veux…
– Peut-être… mais quand je voudrai, comme je voudrai.
– Oui, c'était bien mais c'est fini…

Cette liberté d'aimer qui fait notre bonheur a aussi son revers : la liberté de ceux que nous aimons de ne plus nous aimer…

Il n'existe ni assurance-Amour, ni garantie du cœur, ni même ces garde-fous sociaux qui paraient aux ruptures. Plus aucune obligation d'aimer le père de ses enfants, sa femme depuis trente ans, sa maîtresse fidèle comme une ombre… Cette nouvelle donne amoureuse est libre, mais sans « morale ». Aussi engendre-t-elle de nouvelles peurs et de nouveaux réflexes de protection. Nous pouvons nous arc-bouter sur les anciens modèles. Et continuer de croire à l'Unique, au Prince Charmant, à la femme idéale, au coup de foudre qui tomberait du ciel sans avoir à chercher. Ou nous persuader que l'amour est sans risque, que notre femme est « notre femme » quoi que nous fassions et pour la vie. Nous accrocher au « oui pour un jour, oui pour toujours », quitte à perdre notre bonheur, notre santé et notre équilibre. Naïvement aussi, nous pouvons penser qu'il suffit de faire l'amour une fois pour s'aimer toute la vie… « Les hommes ne savent pas aimer ! » dirons-nous, mais ils n'ont rien promis.

Si nous sommes des cœurs brûlés, nous jouons trop gros trop vite. Si nous sommes des cœurs blindés, nous nous verrouillons pour ne plus rien risquer. Pour nous, l'amour est trop dangereux, les ruptures trop nombreuses, les angoisses trop fortes, les femmes trop « compliquées », les hommes trop

« égoïstes »... Retranchés dans notre solitude comme dans un bunker, nous restons à l'abri des rencontres. Nous préférons rêver l'amour et le bonheur plutôt que de les vivre, en cultivant dans nos rêveries le souvenir d'une femme idéale ou d'un amour perdu... « Beaucoup de gens croisent le grand Amour sans pouvoir le vivre. Ils se croient disponibles sans l'être, parce qu'ils sont trop marqués par les chagrins d'amour ou des douleurs d'enfance. Ils peuvent aussi privilégier un autre aspect de leur vie, comme leur carrière. Ou encore rêver d'une relation tellement idéale qu'ils se ferment à l'amour... » constate Catherine Bensaïd, psychothérapeute et auteur de *Histoire d'amour, Histoires d'aimer.* Ne pas vouloir souffrir est notre droit mais aussi, souvent, notre tristesse.

EN AMOUR AUSSI,
PENSER AU « PRINCIPE DE PRÉCAUTION »

Entre ces deux extrêmes – le cœur brûlé et le cœur blindé –, il existe un moyen terme progressif et prudent. Pour rencontrer l'amour, il faut oser l'échec, c'est-à-dire explorer, essayer et... se tromper. Et être assez solide et sûr de sa valeur pour encaisser des refus, des déceptions, des incompatibilités, sans se sentir détruit.

Cherchons l'amour mais en ayant la sagesse de ne pas lui demander plus qu'il ne peut donner : telle est sans doute la clef d'une vie heureuse à deux. Encore faut-il trouver un partenaire qui soit sur la même longueur d'ondes. Si aimer consiste à être ensemble pour célébrer la vie, certains refusent d'être ensemble et d'autres de célébrer la vie. Les premiers rejettent le couple. Les seconds, le bonheur.

Autrefois, nous n'avions qu'une alternative : partir ou rester. Aujourd'hui, des solutions s'inventent. On peut se quitter mais rester bons amis et comprendre ce qui n'a pas été sans se sentir fini. On peut aussi se séparer pour le moment, se retrouver plus tard.

Ne soyons pas trop pressés d'aimer. Nous l'avons vu,

notre principale erreur est rarement d'aimer trop fort, mais d'aimer trop vite. L'amour viendra en son temps et par étapes. À chacune, assurons-nous que les cœurs, les intentions, les désirs vibrent à l'unisson, afin de ne pas souffrir (inutilement) d'avoir rêvé… tout seul. Appliquons à l'amour ce fameux « principe de précaution » qui rend disponible, mais sans aveuglement ni précipitation. Enfin sachons, lorsque l'amour n'est pas encore au rendez-vous, saisir les belles occasions de rencontres, à savoir les liaisons amicales, charnelles, sportives, festives, gourmandes. « A profiter » comme on dit sur les marchés…

Bibliographie

Francesco ALBERONI, *Le choc amoureux* (Éditions Pocket). *Je t'aime !* (Éditions Pocket).

Christophe ANDRÉ et Francis LELORD, *L'estime de soi* (Éditions Odile Jacob).

Catherine BENSAÏD, *Histoire d'amour, Histoires d'aimer* (Éditions Laffont).

Steven CARTER et Julia SOKOL, *Ces hommes qui ont peur d'aimer* (Éditions J'ai Lu).

Françoise CHANDERNAGOR, *La première épouse* (Éditions de Fallois).

Alain CORNEAU, *N'y a-t-il pas d'amour heureux ?* (Éditions J'ai Lu).

Dr Boris CYRULNIK, *Les nourritures affectives* (Éditions Odile Jacob).

Donald G. DUTTON, *La violence dans le couple* (Bayard éditions).

Alberto EIGUER, *Le pervers narcissique et son complice* (Éditions Dunod).

Susan FORWARD, *Parents toxiques* (Éditions Stock).

John GRAY, *Les hommes viennent de Mars et les femmes viennent de Vénus* (Éditions J'ai Lu).

Dr Marie-France HIRIGOYEN, *Le harcèlement moral, la violence perverse au quotidien* (Éditions Syros).

Maurice HURNI et Giovanna STOLL, *La haine de l'amour. La perversion du lien* (Éditions L'Harmattan).

Dr Gérard LELEU, *L'intimité et le couple* (Éditions Flammarion).

Jean-Claude KAUFMANN, *La trame conjugale. Analyse du couple par son linge* (Éditions Nathan). *La femme seule et le Prince Charmant* (Éditions Nathan).

Pia MELLODY, *Vaincre la dépendance* (Éditions J'ai Lu).

Gérard MERMET, *Francoscopies 2001* (Éditions Larousse).

Alice MILLER, *Chemins de vie* (Éditions Flammarion).

Michael Vincent MILLER, *Le terrorisme intime* (Éditions Laffont).

Dr Sylvain MIMOUN et Élisabeth CHAUSSIN, *L'univers masculin* (Éditions du Seuil).

Isabelle NAZARE-AGA, *Les manipulateurs sont parmi nous* (Éditions de l'Homme). *Les manipulateurs et l'amour* (Éditions de l'Homme).

Robin NORWOOD, *Ces femmes qui aiment trop* (Éditions J'ai Lu).

Christiane OLIVIER, *L'ogre intérieur* (Éditions Fayard).

Yvonne PONCET-BONISSOL, *Amour trahi et harcèlement moral. Pour en finir avec les tyrans et les pervers* (Éditions Résidence).

Daniel et Kathleen RHODES, *Le harcèlement psychologique* (Éditions Marabout).

Kathy SOUFFRON, *Les violences conjugales* (Éditions Milan, collection Les essentiels).

Deborah TANNEN, *Décidément, tu ne me comprends pas* (Éditions J'ai Lu).

Maryse JASPARD, *Populations et sociétés*, N° 24, janvier 2001.

Deux associations :

– Violences conjugales. Femmes Infos Service : 01 40 33 80 60.
– S.O.S violences familiales, association de lutte contre les violences : 11, rue Taine. 75012 – Paris.

Un contact :

– Vous voulez réagir, apporter votre témoignage, l'auteur de ce livre vous répond sur Internet :

pdelahaie@club.internet.fr.

Imprimé en Italie par G. Canale & C. S.p.A.
Dépôt légal : 15992 - Novembre 2001
ISBN : 2501036301